고교필수
4200단어
문단기
* 문답식 단어연상 기억 *

2

저자 이재환(Victor Lee)

[약력]
FTC외국어연수원 원장 역임
시사외국어연수원장 역임

[활동]
MBC 9시 뉴스데스크 출연
KBS 1TV 9시 뉴스데스크 출연
KBS 2TV 뉴스광장 출연
YTN 뉴스 출연
MBN 뉴스 출연
경향신문 X매거진 특집인물기사
주간인물 표지모델 선정
미국 시카고 한인방송 인터뷰 특집기사
미국 LA 한인방송 인터뷰 특집기사
캐나다 한국일보 인터뷰 특집기사
캐나다 동아일보 인터뷰 특집기사
교육대상 수상
국내 학교 및 관공서, 학원 약 500여 개소 프로그램 공급

[저서 및 개발]
음성인식영어로봇 세계최초 개발(프레스센터 언론 기자 회견)
AMT(영어문장자동암기프로그램)개발
기적의 영어기억법 저술
분리합성언어교육프로그램 이론 발표
영어 구절반복 특허 등록
AMS(영어자동암기시스템) 개발
기타 약 50여종의 교재와 30여종의 교육관련 특허 출원

Recording

Native Speaker
Kristen

education
B.A. in English Literature at University of California, Los Angeles(UCLA)
M.A. in TESOL at California State University, Los Angeles

work experience
Power English at EBS radio, host **(current)**
Business English, EBS radio, co-host **(previous)**
English Go, EBS radio, reporter
Ewha Woman University, full-time lecturer
Hanyang University, part-time lecturer

Korean
석원희 (KBS성우) **(previous)**
신혜경 (KBS성우) **(previous)**

문단기

문답식
단어연상
기억

UNIT 59 - 116
(WORDS 697- 1392)

머리말

문답식 단어연상 기억 (특허출원전문)

【발명의 배경】

외국어를 공부하는 학습자들이 가장 어려움을 겪는 부분이 단어학습이다.

초·중등 필수단어가 약 1,600 단어이고, 고교 필수단어가 약 4,200 단어이므로, 중복되는 단어를 제외하더라도 제대로 된 영어 학습을 위해 약 5,000개 이상의 단어를 완벽히 소리와 함께 암기해야 하는 실정이다.

최근, 한 통계에 따르면 고등학교 졸업생 중 고교 필수단어를 정확한 발음과 함께 모두 기억하고 있는 학생은 1%도 안 되고, 서울대를 포함한 상위 대학에 입학한 학생들 중에서도 다수의 학생들이 고교 필수단어 모두를 기억하지는 못하는 것으로 나타났다. 이러한 이유는 종래의 단어 기억 방법이 단순 반복 암기에 의해 이루어지기 때문으로 학습한 단어가 단기간은 머릿속에 기억되어 있다가 반복 학습을 하지 않게 되면 기억에서 바로 사라져버리기 때문이다. 실제로 영어 단어를 암기하는 경우 몇 시간이 지나면 약 50% 정도가 기억에서 사라지게 되고, 며칠이 지나면 70% 정도, 한 달 후에는 대부분의 단어들이 기억에서 사라지는 경험을 누구나 하게 된다.

따라서 암기한 단어를 지속적으로 기억하기 위해서는 수십 번에서 수백 번의 반복학습을 주기적으로 해주어야 하는데, 이렇게 암기한 단어가 기억에서 지워지고 다시 학습하는 과정에서 학습자들이 단어 암기 학습에 지쳐서 단어 암기 학습을 포기하고 있는 실정이다.

【과제의 해결 수단】

"한번 들으면 영원히 기억되기 위해" 국내 최초로 시도된 **7**가지

① 국내 최초 4200개 연상 질문 원고(연상기억)	② 국내 최초 4200개 연상 답 원고(연상기억)
③ 국내 최초 4200개 연상 질문 삽화(이미지기억)	④ 국내 최초 4200개 연상 답 삽화(이미지기억)
⑤ 국내 최초 KBS 남녀 성우 연상 질문/답 녹음	⑥ 국내 최초 원어민 3회 연속 챈트식 녹음
⑦ 8400개 삽화 애니메이션(영상 학습물)	

【발명의 효과】

　한번 학습한 단어가 연상에 의해 오랜 기간 동안 기억 속에 남게 되므로 최상의 학습효과를 얻을 수 있는 뛰어난 효과를 갖는다. 문답 형식의 연상기억법을 통해 영어 단어를 기억할 수 있도록 함으로써 학교나 학원 등의 교육기관에서 선생님과 학생들 사이 또는 학생들끼리 조를 나누는 등의 방법에 의해 문답식 수업이 가능하게 되므로 학생들이 단어학습에 흥미를 느끼게 되고 보다 능동적으로 수업에 참여할 수 있게 되어 학습 능률을 향상시킬 수 있는 효과를 추가로 갖는다.

　끝으로 '문단기' 연상 원고, 녹음, 삽화, 그리고 영상을 제작하기 위해 기간이 약 5년 정도가 소요됐으며 참여한 인원도 약 100여명이 참여되어 제작될 정도로 대하소설이나 대작의 영화라고 해도 과언이 아니다.

　특히 이번에 본 개발을 위해서 국내 최초로 시도된 제작법만 7가지가 된다.

　'문단기'는 **영상과 함께 학습**하여야 그 학습 효과를 제대로 볼 수 있으며 가능하면 영상물도 같이 구매하여 학습하기 바란다. '문단기'가 영어 단어 학습으로 힘들어하는 대한민국 모든 학습자들에게 희망이 되길 바라면서…

문답식 단어연상 기억으로

재미있고 쉽게 영어 단어를 학습하기를 기대합니다.

저자자 이재환

영상 학습법

▶(녹색) 학습기 사운드 ▶(청색) 학습자가 표현 ▶(적색) 내용 설명
▶ 말 할 때는 반드시 큰 소리로 말해야 기억효과가 3~5배까지 됩니다.

✎ STEP 1

한글로 문장 연상 단계

▶ 단어의 뜻을 넣어 연상이 되도록 질문
▶ 단어의 음을 넣어 연상이 되도록 대답
  질문: 한국인 여자 성우
  대답: 한국인 남자 성우 ---- 2회 반복
▶ 영어는 생각하지 말고 큰 소리로 한국인 성
  우가 표현하는 우리말을 따라하면서 연상
  문장을 기억할 것
▶ 리듬에 맞춰 경쾌하게 표현할 것

✎ STEP 2

연상된 문장 확인 학습 단계

▶ **음악만 흘러나오면서 입 그림이 좌측에서 우
  측으로 움직인다.**
▶ 입 그림이 좌측에서 우측으로 갈 때까지 연
  상 문장을 표현
▶ Step 1에서 연상한 문장을 바로 표현해 본다.
▶ 영어는 몰라도 한국어 연상은 바로 됨
▶ 한국어 연상 문장 안에는 영어 뜻과 음이 모
  두 들어 있음

✎ STEP 3

영어 뜻과 음 기억 단계

▶ 연상 문장 1회 흘러 나온다
▶ 다시 한 번 연상 문장을 표현한다.
▶ **단어의 뜻을 한국인이 말하고**
▶ **바로 이어 원어민이 영어음을 리듬에 맞춰서
  3번 경쾌하게 읽는다.**
▶ 원어민 음에 따라서 3회 큰 소리로 표현

✏️ STEP 4

최종 기억 단계

▸ **한글 뜻에 이어서 원어민의 영어음이 3번 리듬에 맞춰 흘러 나온다.**
▸ 다시 한 번 뜻을 표현하면서 영어음을 3번 같이 따라서 발음
▸ 영어 음을 발음할 때 영어 철자를 눈으로 정확히 익힌다.

✏️ STEP 5

기억 확인 단계

▸ **성우가 한글 뜻을 말한다**
▸ 한글 뜻을 듣고 바로 영어로 표현
▸ 입모양이 좌측에서 우측으로 가기 전에 영어로 표현
▸ 입모양이 우측으로 가면서 영어 철자가 나타난다.
▸ 영어 철자가 나타날 때 본인이 표현한 것이 맞는지 확인하면서 다시 한 번 영어로 표현

교재 학습법

✏️ STEP 1

한글 연상 단계

▶ 영어는 생각하지 말고 우리말만 생각하고 연상문장을 머리에 기억합니다.
▶ 연상기억을 할 때 그림을 같이 보면서 연상기억이 오래 남도록 합니다.
▶ 연상기억을 할 때 기억을 해야겠다는 마음을 강하게 가지고 집중을 하면서 기억효과가 좋습니다. (두뇌도 발달됨)
▶ 큰 소리로 기억할 때마다 ①②③에 ✔표시를 하세요.

✏️ STEP 2

한글 연상 단계

▶ STEP1에서 암기한 연상 문장을 이제 그림만을 보고 연상문장을 떠 올려서 큰소리로 말합니다.
▶ 큰 소리로 기억할 때마다 ①②③④⑤에 ✔표시를 하세요.

✏️ STEP 3 연상 기억 확인 단계

1282	**elegant** [éligənt]	①	②		기품 있는, 우아한	①	②
		③	④			③	④
3021	**qualification** [kwàləfikéiʃən]	①	②		자격, 조건	①	②
		③	④			③	④
4142	**wilderness** [wíldəːrnis]	①	②		황야, 황무지	①	②
		③	④			③	④

▶ 먼저 한글로 기억된 연상문장을 한번 말하고 바로 이어서 영어발음기호를 보고 정확히 큰 소리로 영어발음을 3번씩 합니다.
▶ 종이-등으로 좌측 영어 부분을 가리고 그림과 한글만을 보고 영어로 기억한 단어를 테스트 합니다.
▶ 종이-등으로 우측 한글 부분을 가리고 그림과 영어만을 보고 기억한 단어를 한글로 말하는 테스트를 합니다.

차 례

MoonDanGi

BOOK 2

✓ STEP 1

697 ① ② ③	698 ① ② ③	699 ① ② ③
상업하는 사람들은 원래 속이~ 시꺼멓수?	**상업**이란? 자동차 판매원이 손님에게 카(car) 뭐 살 건지 물어보는 거.	무슨 죄를 **범했니?** 코를 때려 코밑에 피가 나게 한 죄.
☺ 상업 ⇨ 카멀-스	☺ 상업의 ⇨ 커멀-셜	☺ 범하다 ⇨ 커미트
700 ① ② ③	**701** ① ② ③	**702** ① ② ③
위원회 사람 중에~ 코밑이 검은 사람이 있어.	**일용품**으로 뭘 샀어? 큰 마더(mother) 티셔츠.	**서민**들은 기름 값 때문에 카(car)에 기름 못 넣어.
☺ 위원회 ⇨ 커미티	☺ 일용품 ⇨ 커마더티	☺ 서민 ⇨ 카머널
703 ① ② ③	**704** ① ② ③	**705** ① ② ③
평범한~ 카(car)는 먼 플레이스(place/장소)에 주차해야 해.	**공화국**에도 속이? 꺼먼 웬수가 있어.	**시식행사**로 뭘 알렸어? 꽃무늬 케익이 새로 나온 것을.
☺ 평범한 ⇨ 카먼플레이스	☺ 공화국 ⇨ 카먼웰쓰	☺ 알리다 ⇨ 커뮤-너케이트
706 ① ② ③	**707** ① ② ③	**708** ① ② ③
공산주의 벽화에~ 꽃무늬가 좀 들어간 건 안 어울릴까?	**공동체** 사람들은? 검은 옷 티를 맞춰 입었어.	**통근**하는 사람 얼굴이~ 꺼뭇하네.
☺ 공산주의 ⇨ 카미-니점	☺ 공동체 ⇨ 커뮤-너티	☺ 통근하다 ⇨ 커뮤-트

697	상업	698	상업의	699	범하다
	① ② ③ ④ ⑤		① ② ③ ④ ⑤		① ② ③ ④ ⑤
700	위원회	701	일용품	702	서민
	① ② ③ ④ ⑤		① ② ③ ④ ⑤		① ② ③ ④ ⑤
703	평범한	704	공화국	705	알리다
	① ② ③ ④ ⑤		① ② ③ ④ ⑤		① ② ③ ④ ⑤
706	공산주의	707	공동체	708	통근하다
	① ② ③ ④ ⑤		① ② ③ ④ ⑤		① ② ③ ④ ⑤

		①	②			①	②
697	**commerce** [kámə:rs]	③	④		상업, 통상	③	④
698	**commercial** [kəmə́:rʃəl]	①	②		상업의, 상업적인	①	②
		③	④			③	④
699	**commit** [kəmít]	①	②		범하다, 저지르다, 위임하다, 약속하다	①	②
		③	④			③	④
700	**committee** [kəmíti]	①	②		위원회, 위원	①	②
		③	④			③	④
701	**commodity** [kəmádəti]	①	②		상품, 필수품, 일용품	①	②
		③	④			③	④
702	**commoner** [kámənər]	①	②		평민, 서민, 대중, 하원의원	①	②
		③	④			③	④
703	**commonplace** [kámənpleis]	①	②		평범한, 진부한(것)	①	②
		③	④			③	④
704	**commonwealth** [kámənwélθ]	①	②		공화국, 연합제, 연방	①	②
		③	④			③	④
705	**communicate** [kəmjú:nəkeit]	①	②		전달하다, 알리다, 통신하다	①	②
		③	④			③	④
706	**communism** [kámjənìzəm]	①	②		공산주의	①	②
		③	④			③	④
707	**community** [kəmjú:nəti]	①	②		공동체, 지역사회	①	②
		③	④			③	④
708	**commute** [kəmjú:t]	①	②		통근하다, 통근	①	②
		③	④			③	④

✓ STEP 1

709 ① ② ③	710 ① ② ③	711 ① ② ③
조밀하게 만들어진? 컴팩트(화장품).	**동료** 얼굴을? 껌을 뱉게 하고 패니, 그의 얼굴이 사색이 되었어.	친구에게 뭘 물었어? "껌 파니?"
☺ 조밀한 ⇨ 컴팩트	☺ 동료 ⇨ 컴패니언	☺ 친구 ⇨ 컴퍼니

712 ① ② ③	713 ① ② ③	714 ① ② ③
다른 이불과 **비교되는** 이불은? 큰 파란 이불. ☺ 비교되는 ⇨ 캄퍼러블	**비교적** 내가 더 많이 껌 팔아 티브이를 샀어. ☺ 비교적 ⇨ 컴패러티브	**비교하는** 게 쉽지 않네~ 큰 패여, 작은 패여? ☺ 비교하다 ⇨ 컴페얼

715 ① ② ③	716 ① ② ③	717 ① ② ③
그 서랍 **칸**은? 큰 아파트먼트(apartment)에 어울리지 않아. ☺ 칸 ⇨ 컴파-트먼트	거지같아 보여 **동정**을 받는 옷 패션은 옷이 큰 패션. ☺ 동정 ⇨ 컴패션	껌 씹는 아이에게 반 아이들이 **양립된** 의견으로? "껌 뱉어 부러라." ☺ 양립된 ⇨ 컴패터블

718 ① ② ③	719 ① ② ③	720 ① ② ③
어떤 사람이 이기**지 않을 수 없을까**? 큰 펠(패를) 쥐고 있는 사람. ☺ ~하지 않을 수 없다 ⇨ 컴펠	언제 **보상**한대? 큰 펜 샀는데 잘 안 나오면. ☺ 보상하다 ⇨ 캄펀세이트	**경쟁**해서 이기려면? 밤새 코피가 날정도로 공부하면 돼. ☺ 경쟁하다 ⇨ 컴피이트

709 조밀한	710 동료	711 친구
① ② ③ ④ ⑤	① ② ③ ④ ⑤	① ② ③ ④ ⑤
712 비교되는	713 비교적	714 비교하다
① ② ③ ④ ⑤	① ② ③ ④ ⑤	① ② ③ ④ ⑤
715 칸	716 동정	717 양립된
① ② ③ ④ ⑤	① ② ③ ④ ⑤	① ② ③ ④ ⑤
718 ~하지 않을 수 없다	719 보상하다	720 경쟁하다
① ② ③ ④ ⑤	① ② ③ ④ ⑤	① ② ③ ④ ⑤

709	compact [kəmpǽkt]	① ② ③ ④		조밀한, 소형의	① ② ③ ④
710	companion [kəmpǽnjən]	① ② ③ ④		동료, 상대, 친구	① ② ③ ④
711	company [kʌ́mpəni]	① ② ③ ④		친구, 회사, 일행, 손님	① ② ③ ④
712	comparable [kámpərəbl]	① ② ③ ④		비교되는, 필적하는	① ② ③ ④
713	comparative [kəmpǽrətiv]	① ② ③ ④		비교적, 비교에 의한, 비교의, 상대적인	① ② ③ ④
714	compare [kəmpέər]	① ② ③ ④		비교하다, 비유하다	① ② ③ ④
715	compartment [kəmpáːrtmənt]	① ② ③ ④		(물건 보관용)칸, (기차 안의)객실	① ② ③ ④
716	compassion [kəmpǽʃən]	① ② ③ ④		동정, 연민	① ② ③ ④
717	compatible [kəmpǽtəbl]	① ② ③ ④		양립된, 화합할 수 있는, 호환성의	① ② ③ ④
718	compel [kəmpél]	① ② ③ ④		강요하다, ~하지 않을 수 없다	① ② ③ ④
719	compensate [kámpənséit]	① ② ③ ④		보상하다, 보충하다	① ② ③ ④
720	compete [kəmpíːt]	① ② ③ ④		경쟁하다, 필적하다	① ② ③ ④

16

✓ STEP 1

---

721 ① ② ③

무슨 **능력**을 가졌어?
컴퓨터 쓰는 능력.

☺ 능력 ⇨ 캄피턴스

---

722 ① ② ③

역량 있는 사람은?
컴퓨터를 던질 만큼 힘이 센 사람.

☺ 역량 있는 ⇨ 캄피턴트

---

723 ① ② ③

경쟁력은 누가 키워?
컴퓨터와 티브이가 스스로 키워.

☺ 경쟁 ⇨ 컴페터티브니스

---

724 ① ② ③

편집했니?
컴퓨터에서 파일을 찾아서 할 거야.

☺ 편집하다 ⇨ 컴파일

---

725 ① ② ③

현실에 안주하는 사람은
매일 컴퓨터게임 플레이 하자고 선뜻 나선다.

☺ 만족한 ⇨ 컴플레이선트

---

726 ① ② ③

불평하다가?
컴퓨터 앞에서 플레인 베이글을 먹으니 기분이 좋아졌어.

☺ 불평하다 ⇨ 컴플레인

---

727 ① ② ③

과제를 생각보다 빨리 **끝마쳤**네?
컴퓨터로 문제가 풀리는 턱(덕)에 빨리 끝냈죠.

☺ 끝마치다 ⇨ 컴플리-트

---

728 ① ② ③

머리에 **복잡하게** 붙어버린 껌을 어떻게 했어?
껌을 플랬어(풀어냈어).

☺ 복잡한 ⇨ 컴플렉스

---

729 ① ② ③

안색이~
검푸르러선 어디 가니?

☺ 안색 ⇨ 컴플렉션

---

730 ① ② ③

까다로운(복잡한) 일은?
큰 뿌리 캐는 일.

☺ 까다로운 ⇨ 캄플러케이티드

---

731 ① ② ③

누구에게 **찬사**를 보내?
어려운 문제 칸이 풀리면 그 문제를 푼 사람에게.

☺ 찬사 ⇨ 캄플리먼트

---

732 ① ② ③

시험을 볼 때 **따라야** 할 제일 중요한 조언은?
어려운 것 말고 쉬운 문제 칸 먼저 풀라이.

☺ 따르다 ⇨ 컴플라이

721	능력	722	역량 있는	723	경쟁

① ② ③ ④ ⑤

① ② ③ ④ ⑤

① ② ③ ④ ⑤

724	편집하다	725	만족한	726	불평하다

① ② ③ ④ ⑤

① ② ③ ④ ⑤

① ② ③ ④ ⑤

727	끝마치다	728	복잡한	729	안색

① ② ③ ④ ⑤

① ② ③ ④ ⑤

① ② ③ ④ ⑤

730	까다로운	731	찬사	732	따르다

① ② ③ ④ ⑤

① ② ③ ④ ⑤

① ② ③ ④ ⑤

721	competence [kámpətəns]	①	②		능력, 적성	①	②		③	④
		③	④				③	④		
722	competent [kámpətənt]	①	②		역량 있는	①	②		③	④
		③	④				③	④		
723	competitiveness [kəmpétətivnis]	①	②		경쟁에 의한, 경쟁의	①	②		③	④
		③	④				③	④		
724	compile [kəmpáil]	①	②		편집(수집)하다	①	②		③	④
		③	④				③	④		
725	complacent [kəmpléisənt]	①	②		만족한, 자기 만족의	①	②		③	④
		③	④				③	④		
726	complain [kəmpléin]	①	②		불평하다, 호소하다	①	②		③	④
		③	④				③	④		
727	complete [kəmplíːt]	①	②		끝마치다, 완성하다, 완전한, 전적인	①	②		③	④
		③	④				③	④		
728	complex [kámpleks]	①	②		복잡한	①	②		③	④
		③	④				③	④		
729	complexion [kəmplékʃən]	①	②		안색, 외관, 국면	①	②		③	④
		③	④				③	④		
730	complicated [kámplikéitid]	①	②		까다로운, 복잡한	①	②		③	④
		③	④				③	④		
731	compliment [kámplimənt]	①	②		찬사, 경의, 인사(말)	①	②		③	④
		③	④				③	④		
732	comply [kəmplái]	①	②		따르다, 동의하다	①	②		③	④
		③	④				③	④		

✓ STEP 1

733 ① ② ③

사진을 어떻게 **구성해?**
모델들이 몸을 펴 큰 포즈를 잡는
구성.
☺ 구성하다 ⇨ 컴포우즈

734 ① ② ③

음료수와 과자가 섞인 **혼합물**을 왜 던져?
몸이 큰 포수가 실수로 공을 못
받아서.
☺ 혼합물 ⇨ 캄포우스트

735 ① ② ③

양주와 맥주의 **혼합물**인 폭탄주를
어떻게 만들었어?
큰 파운드(양이 많게)로.
☺ 혼합물 ⇨ 캄파운드

736 ① ② ③

이해하기 쉬운
컴퓨터 풀이 책이 핸드(손) 크기만 하네.
☺ 이해하다 ⇨ 캄프리헨드

737 ① ② ③

발을 **압축**하고 있는
신발 끈 풀었으~
☺ 압축하다 ⇨ 컴프레스

738 ① ② ③

어떤 맛으로 **구성되었어?**
이 껌은 달걀 프라이 맛으로 구성되었어.
☺ ~으로 구성되다 ⇨ 컴프라이즈

739 ① ② ③

내가 껌을 **양보** 할 테니~
껌 불어 많이 좀~
☺ 양보 ⇨ 캄프러마이즈

740 ① ② ③

강제적으로?
네 컴퓨터 꺼서 쏘리(sorry)해~
☺ 강제적인 ⇨ 컴펄서리

741 ① ② ③

뭘 **숨겼어?**
돈을 잃어버린 큰 실수.
☺ 숨기다 ⇨ 컨시-일

742 ① ② ③

마지못해 **인정한** 것은?
"작은 씨도 큰 씨도 내가 훔쳤어."
☺ 인정하다 ⇨ 컨시-드

743 ① ② ③

이 시는 **자부심**이
큰 시야.
☺ 자부심 ⇨ 컨시-트

744 ① ② ③

상상할 때?
껌을 씹으면서 하면 좋아.
☺ 상상하다 ⇨ 컨시-브

733 구성하다	734 혼합물	735 혼합물
① ② ③ ④ ⑤	① ② ③ ④ ⑤	① ② ③ ④ ⑤
736 이해하다	737 압축하다	738 ~으로 구성되다
① ② ③ ④ ⑤	① ② ③ ④ ⑤	① ② ③ ④ ⑤
739 양보	740 강제적인	741 숨기다
① ② ③ ④ ⑤	① ② ③ ④ ⑤	① ② ③ ④ ⑤
742 인정하다	743 자부심	744 상상하다
① ② ③ ④ ⑤	① ② ③ ④ ⑤	① ② ③ ④ ⑤

733	compose [kəmpóuz]	① ② ③ ④		구성하다, 작곡하다	① ② ③ ④
734	compost [kámpoust]	① ② ③ ④		혼합물	① ② ③ ④
735	compound [kámpaund]	① ② ③ ④		혼합물, 화합물, 복합의, ~로 구성되다, 혼합하다	① ② ③ ④
736	comprehend [kámprihénd]	① ② ③ ④		이해하다, 포함하다	① ② ③ ④
737	compress [kəmprés]	① ② ③ ④		압축하다, 단축하다	① ② ③ ④
738	comprise [kəmpráiz]	① ② ③ ④		~으로 구성되다, 포괄하다	① ② ③ ④
739	compromise [kámprəmáiz]	① ② ③ ④		양보, 타협(하다)	① ② ③ ④
740	compulsory [kəmpʌ́lsəri]	① ② ③ ④		강제적인, 의무의, 필수의	① ② ③ ④
741	conceal [kənsíːl]	① ② ③ ④		숨기다, 비밀로 하다	① ② ③ ④
742	concede [kənsiːd]	① ② ③ ④		(마지못해)인정하다, 내주다(허락하다), 양보하다	① ② ③ ④
743	conceit [kənsiːt]	① ② ③ ④		자부심, 자만	① ② ③ ④
744	conceive [kənsiːv]	① ② ③ ④		착상하다, 상상하다, 임신하다	① ② ③ ④

✓ STEP 1

745 ① ② ③	746 ① ② ③	747 ① ② ③
전기도 잘못 꽂으면 위험하니 **집중해서** 꽂아줄래? 이미 콘센트에 있으니 걱정 마.	새로운 **개념**은? 물속에서 사진을 찍는 컨셉.	이번 광고는 돈 **개념** 있는 사람들을 위한? 컨셉이셔~
☺ 집중하다 ⇨ 칸선트레이트	☺ 개념 ⇨ 칸셉	☺ 개념 ⇨ 컨셉션

748 ① ② ③	749 ① ② ③	750 ① ② ③
걱정하게 하는 현장은? 위험한 건설현장.	**간결하고**? 큰 사이즈 글씨의 간판.	**결정한** 회의결과를? 거꾸로도 뒤집었어.
☺ 걱정하게 하다 ⇨ 컨써언	☺ 간결한 ⇨ 컨사이스	☺ 결정하다 ⇨ 컨클루-드

751 ① ② ③	752 ① ② ③	753 ① ② ③
도로를 만드는 **구체적인** 방법은? 콘크리트를 도로에 부어.	두 사람이 뭘 **동의했어**? 모르는 사람의 큰 코를 때린 거.	누굴 **비난하고** 있니? 부실공사로 큰 댐을 무너뜨린 사람.
☺ 구체적인 ⇨ 캉크리-트	☺ 동의하다 ⇨ 컨커얼	☺ 비난하다 ⇨ 컨뎀

754 ① ② ③	755 ① ② ③	756 ① ② ③
뭘 **요약해서** 발표했니? 큰 댄스 경연회에서 이긴 팀의 기술.	**애도**를 표하기 위해 그의 무덤에? 큰 돌 올렸어.	선한 **행동**을 하면? 큰 덕이 쌓여.
☺ 요약하다 ⇨ 컨덴스	☺ 애도 ⇨ 컨도우런스	☺ 행동 ⇨ 칸덕트

23

745 집중하다	746 개념	747 개념
① ② ③ ④ ⑤	① ② ③ ④ ⑤	① ② ③ ④ ⑤
748 걱정하게 하다	749 간결한	750 결정하다
① ② ③ ④ ⑤	① ② ③ ④ ⑤	① ② ③ ④ ⑤
751 구체적인	752 동의하다	753 비난하다
① ② ③ ④ ⑤	① ② ③ ④ ⑤	① ② ③ ④ ⑤
754 요약하다	755 애도	756 행동
① ② ③ ④ ⑤	① ② ③ ④ ⑤	① ② ③ ④ ⑤

745	**concentrate** [kánsəntréit]	① ② ③ ④		집중하다	① ② ③ ④
746	**concept** [kánsept/kɔ́n-]	① ② ③ ④		개념	① ② ③ ④
747	**conception** [kənsépʃən]	① ② ③ ④		개념, 구상, 신념	① ② ③ ④
748	**concern** [kənsə́:rn]	① ② ③ ④		관련되다(영향을 미치다), 걱정하게 하다	① ② ③ ④
749	**concise** [kənsáis]	① ② ③ ④		간결한, 간명한	① ② ③ ④
750	**conclude** [kənklu:d]	① ② ③ ④		결론짓다, 끝나다, 결정하다	① ② ③ ④
751	**concrete** [kánkri:t]	① ② ③ ④		구체적인, 명확한, 콘크리트로 된, 콘크리트	① ② ③ ④
752	**concur** [kənkə́:r]	① ② ③ ④		동의하다, 의견이 일치하다	① ② ③ ④
753	**condemn** [kəndém]	① ② ③ ④		비난하다, 선고하다	① ② ③ ④
754	**condense** [kəndéns]	① ② ③ ④		응축하다, 요약하다	① ② ③ ④
755	**condolence** [kəndóuləns]	① ② ③ ④		애도, 조의	① ② ③ ④
756	**conduct** [kándəkt]	① ② ③ ④		(특정한 활동을)하다, 지휘하다, 처신하다, 행동, 행위	① ② ③ ④

25

✓ STEP 1

---

757 ① ② ③

그 지휘자는 연주 시작 전에 항상?
큰 떡을 떠먹어.
☺ 지휘자 ⇨ 컨덕털

---

758 ① ② ③

원뿔모양의?
아이스크림 콘.
☺ 원뿔 ⇨ 코운

---

759 ① ② ③

어디서 회의를 했니?
건물이 퍼렇게 칠해진 곳에서.
☺ 회의 ⇨ 칸퍼런스

---

760 ① ② ③

뭘 고백했어?
"큰 애를 팼어"하고.
☺ 고백하다 ⇨ 컨페스

---

761 ① ② ③

그가 고백한 것은?
큰 패션쇼는 안 해 봤다고.
☺ 고백 ⇨ 컨페션

---

762 ① ② ③

막내 요리사에게 뭘 위임했어?
큰 파이도 만들도록.
☺ 위임하다 ⇨ 컨파이드

---

763 ① ② ③

뭘 자신 있게 말했어?
"장마 때 온 비는 큰 비던데" 라고.
☺ 자신 있는 ⇨ 칸피던트

---

764 ① ② ③

어디에 사람을 넣고 감금했어?
크게 파인 구덩이에.
☺ 감금하다 ⇨ 컨파인

---

765 ① ② ③

누굴 어디에 감금했어?
크게 파인 옷을 입은 여자들을 먼지
나는 트럭.
☺ 감금 ⇨ 컨파인먼트

---

766 ① ② ③

뭘 확인했어?
남의 글을 컴퓨터에서 펌질을 해 자기
글 인척 한 것을.
☺ 확인하다 ⇨ 컨퍼엄

---

767 ① ② ③

왜 마을 간에 분쟁이 일어났어?
큰 풀 있는 곳을 차지하기 위해.
☺ 분쟁 ⇨ 칸플릭트

---

768 ① ② ③

어떤 아이를 규칙에 따르게 해?
겉멋들여 폼내는 아이.
☺ 따르다 ⇨ 컨포옴

---

757 지휘자	758 원뿔	759 회의
① ② ③ ④ ⑤	① ② ③ ④ ⑤	① ② ③ ④ ⑤

760 고백하다	761 고백	762 위임하다
① ② ③ ④ ⑤	① ② ③ ④ ⑤	① ② ③ ④ ⑤

763 자신 있는	764 감금하다	765 감금
① ② ③ ④ ⑤	① ② ③ ④ ⑤	① ② ③ ④ ⑤

766 확인하다	767 분쟁	768 따르다
① ② ③ ④ ⑤	① ② ③ ④ ⑤	① ② ③ ④ ⑤

757	**conductor** [kəndʌ́ktər]	①	②		지휘자, 안내자, 안내원(승무원)	①	②
		③	④			③	④
758	**cone** [koun]	①	②		원뿔(체)	①	②
		③	④			③	④
759	**conference** [kánfərəns]	①	②		회담, 회의	①	②
		③	④			③	④
760	**confess** [kənfés]	①	②		고백하다, 인정하다	①	②
		③	④			③	④
761	**confession** [kənféʃən]	①	②		고백, 실토, 자백	①	②
		③	④			③	④
762	**confide** [kənfáid]	①	②		신뢰하다, 털어놓다, 위임하다	①	②
		③	④			③	④
763	**confident** [kánfidənt]	①	②		확신하는, 자신 있는	①	②
		③	④			③	④
764	**confine** [kənfáin]	①	②		제한하다, 감금하다	①	②
		③	④			③	④
765	**confinement** [kənfáinmənt]	①	②		제한, 감금	①	②
		③	④			③	④
766	**confirm** [kənfə́:rm]	①	②		확인하다, 인증하다	①	②
		③	④			③	④
767	**conflict** [kánflikt]	①	②		분쟁, 투쟁, 충돌	①	②
		③	④			③	④
768	**conform** [kənfɔ́:rm]	①	②		따르다, 일치시키다	①	②
		③	④			③	④

✓ STEP 1

769 ① ② ③

뭐가 너를 **어리둥절하게 했니?**
큰 화가 닥치고 운도 같이 와서.
☺ 어리둥절하게 하다 ⇨ 컨파운드

770 ① ② ③

날 화나게 만든 사람과 **직면해서?**
큰 코를 뿌려뜨렸어.
☺ 직면하다 ⇨ 컨프런트

771 ① ② ③

뭐가 이렇게 **혼란(혼잡)스럽게 해?**
쌀을 이웃들에게 큰 걸 퍼주어서.
☺ 혼란시키다 ⇨ 컨퓨-즈

772 ① ② ③

혼잡한 지하철에서 널 어떻게 알아봐?
내가 팔을 휘두르는 큰 제스쳐를
할게.
☺ 혼잡 ⇨ 컨제스천

773 ① ② ③

축하해~
컨그래츄레이션 ♪♪
☺ 축하하다 ⇨ 컨그래철레이트

774 ① ② ③

콘센트와 **연결하기** 위해?
전선을 꺼내.
☺ 연결하다 ⇨ 커넥트

775 ① ② ③

선생님의 말씀이 **함축**된 내용을
큰 노트에선 알 수 있어.
☺ 함축 ⇨ 카너테이션

776 ① ② ③

다른 나라를 **정복하던** 칭기즈 칸은
간이 컸어.
☺ 정복하다 ⇨ 캉컬

777 ① ② ③

영토 **정복하는** 음악이 삽입된 영화는?
칭기즈 칸에서 오케스트라.
☺ 정복 ⇨ 캉퀘스트

778 ① ② ③

양심 있는 학생이라면?
크게 쉬었으면 공부해야 해.
☺ 양심 ⇨ 칸션스

779 ① ② ③

무엇을 **알고 있었어?**
큰 와이셔츠를 네가 다려놨다는 것을.
☺ 알고 있는 ⇨ 칸셔스

780 ① ② ③

연속적으로 왔다갔다하는 게 뭐야?
큰 새가 TV위에 둥지를 틀었어.
☺ 연속적인 ⇨ 컨세큐티브

769 어리둥절하게 하다	770 직면하다	771 혼란시키다
① ② ③ ④ ⑤	① ② ③ ④ ⑤	① ② ③ ④ ⑤

772 혼잡	773 축하하다	774 연결하다
① ② ③ ④ ⑤	① ② ③ ④ ⑤	① ② ③ ④ ⑤

775 함축	776 정복하다	777 정복
① ② ③ ④ ⑤	① ② ③ ④ ⑤	① ② ③ ④ ⑤

778 양심	779 알고 있는	780 연속적인
① ② ③ ④ ⑤	① ② ③ ④ ⑤	① ② ③ ④ ⑤

769	confound [kənfáund]	① ② ③ ④		어리둥절(당황)하게 하다	① ② ③ ④
770	confront [kənfrʌ́nt]	① ② ③ ④		직면하다, 마주보다, 대항시키다	① ② ③ ④
771	confuse [kənfju:z]	① ② ③ ④		혼란시키다, 혼동하다	① ② ③ ④
772	congestion [kəndʒéstʃən]	① ② ③ ④		혼잡, 밀집	① ② ③ ④
773	congratulate [kəngrǽtʃuléit]	① ② ③ ④		축하하다	① ② ③ ④
774	connect [kənékt]	① ② ③ ④		연결하다, 관련시키다	① ② ③ ④
775	connotation [kànətéiʃən]	① ② ③ ④		함축, 내포	① ② ③ ④
776	conquer [káŋkər]	① ② ③ ④		정복하다, 극복하다, 정복, 극복	① ② ③ ④
777	conquest [káŋkwest/kɔ́ŋ-]	① ② ③ ④		정복, 획득	① ② ③ ④
778	conscience [kánʃəns]	① ② ③ ④		양심, 의식, 자각	① ② ③ ④
779	conscious [kánʃəs]	① ② ③ ④		의식하고 있는, 알고 있는	① ② ③ ④
780	consecutive [kənsékjutiv]	① ② ③ ④		연속적인, 시종일관된	① ② ③ ④

✓ STEP 1

781 ① ② ③

도둑이 많이 들자 무엇을 설치하기로
합의했어?
큰 센서.
☺ 합의 ⇨ 컨센서스

782 ① ② ③

무엇을 **동의했니?**
내 콘센트에 니 제품 꽂는 것.

☺ 동의(하다) ⇨ 컨센트

783 ① ② ③

결과는 어때?
큰 씨가 작은 씨보다 더 컸어.

☺ 결과 ⇨ 칸시퀀스

784 ① ② ③

칼 **보호**하는 칼집이 없어 아버지가
큰 손 베이셨어.
☺ 보호 ⇨ 칸서-베이션

785 ① ② ③

보수적인 단체는
큰 변화에 서서 버티는 모습을 보여.
☺ 보수적인 ⇨ 컨서-버티브

786 ① ② ③

어떤 동물을 **보호해?**
큰 솔부엉이를.

☺ 보호하다 ⇨ 컨설-브

787 ① ② ③

모든 일에 **숙고하는** 자세가 중요해?
서울처럼 큰 시도 작은 일에도 심혈을
기울여.
☺ 숙고하다 ⇨ 컨시덜

788 ① ② ③

위험성 때문에 **상당히 고려할
만하지만~**
스카이다이빙은 큰 시도로 해볼 만하다.
☺ 상당히 고려할 만한 ⇨
컨시더러벌

789 ① ② ③

이해심 많은 사람?
큰 시, 도에 사는 사람이래.

☺ 이해심 많은 ⇨ 컨시더뤠트

790 ① ② ③

너희 가족은 어떻게 **구성되니?**
큰 시스터(sister)와 부모님으로 구성 돼.
☺ ~로 구성되다 ⇨ 컨시스트

791 ① ② ③

건씨는 무슨 일을 **일관성 있게** 해 왔니?
건씨는 스턴트 일을 해.
☺ 일관성 있는 ⇨ 컨시스턴트

792 ① ② ③

위로하고 있는 그녀는 뭘 잃어버렸어?
큰 숄(shawl)을.
☺ 위로하다 ⇨ 컨소울

781 합의	782 동의(하다)	783 결과

① ② ③ ④ ⑤	① ② ③ ④ ⑤	① ② ③ ④ ⑤

784 보호	785 보수적인	786 보호하다

① ② ③ ④ ⑤	① ② ③ ④ ⑤	① ② ③ ④ ⑤

787 숙고하다	788 상당히 고려할 만한	789 이해심 많은

① ② ③ ④ ⑤	① ② ③ ④ ⑤	① ② ③ ④ ⑤

790 ~로 구성되다	791 일관성 있는	792 위로하다

① ② ③ ④ ⑤	① ② ③ ④ ⑤	① ② ③ ④ ⑤

No.	Word	① ② ③ ④		뜻	① ② ③ ④
781	consensus [kənsénsəs]	① ② ③ ④		일치, 합의, 여론	① ② ③ ④
782	consent [kənsént]	① ② ③ ④		동의(하다), 허가(하다)	① ② ③ ④
783	consequence [kánsikwəns]	① ② ③ ④		결과, 중요성	① ② ③ ④
784	conservation [kùnsə:rvéiʃən]	① ② ③ ④		보호, 유지	① ② ③ ④
785	conservative [kənsə́:rvətiv]	① ② ③ ④		보수적인	① ② ③ ④
786	conserve [kənsə́:rv]	① ② ③ ④		보호하다	① ② ③ ④
787	consider [kənsídər]	① ② ③ ④		숙고하다, ~로 간주하다	① ② ③ ④
788	considerable [kənsidərəbl]	① ② ③ ④		상당한 고려할 만한, 중요한	① ② ③ ④
789	considerate [kənsidərət]	① ② ③ ④		이해심 많은, 사려 깊은	① ② ③ ④
790	consist [kənsíst]	① ② ③ ④		~로 구성되다, 존재하다	① ② ③ ④
791	consistent [kənsistənt]	① ② ③ ④		일관성 있는	① ② ③ ④
792	console [kənsóul]	① ② ③ ④		위로하다	① ② ③ ④

✓ STEP 1

793 ① ② ③	794 ① ② ③	795 ① ② ③
가훈과 **일치하는** 글을 크게 써넣은 벽이 멋있다. ☺ 일치하는 ⇨ 칸서넌트	**눈에 띄는** 이 과일들은? 큰 숲이 키웠어. ☺ 눈에 띄는 ⇨ 컨스피큐어스	무엇이 누구의 **음모**로 인해 태워졌니? 큰 숲이 러시아 사람들의 음모로. ☺ 음모 ⇨ 컨스피러시

796 ① ② ③	797 ① ② ③	798 ① ② ③
영화에 **성실하게** 연기하는 키 큰 스턴트맨이 출연했다. ☺ 성실한 ⇨ 칸스턴트	누가 양 **별자리**를 만들었어? 큰 스타(star) 넷이서. ☺ 별자리 ⇨ 칸스털레이션	이번에 **구성된** 팀은? 큰 스타로 구성된 팀이야. ☺ 구성하다 ⇨ 칸스터튜-트

799 ① ② ③	800 ① ② ③	801 ① ② ③
헌법 개정에 뭘 타고 참여했지? 큰 스타들이 투싼 타고. ☺ 헌법 ⇨ 칸스터튜-션	뭘 끌도록 **강요했어?** 큰 소가 트레인(기차)을. ☺ 강요하다 ⇨ 컨스트레인	건물을 빨리 **건설했네?** 큰 수의 트럭을 이용해 순식간에 한 거래. ☺ 건설하다 ⇨ 컨스트럭트

802 ① ② ③	803 ① ② ③	804 ① ② ③
심리 **상담**이 학생들에게 효과적이였나? 심리 상담사가 학생을 큰 설득으로 뉘우치게 만들더라고요. ☺ 상담하다 ⇨ 컨설트	당뇨병 환자가 **전문의**에게 큰 설탕들을 먹어도 되는지 물어보고 있어. ☺ 전문의 ⇨ 컨설턴트	다이버가 산소는 어떻게 **소비하지?** 큰 숨으로 들이마셔서. ☺ 소비하다 ⇨ 컨수움

793 일치하는
① ② ③ ④ ⑤

794 눈에 띄는
① ② ③ ④ ⑤

795 음모
① ② ③ ④ ⑤

796 성실한
① ② ③ ④ ⑤

797 별자리
① ② ③ ④ ⑤

798 구성하다
① ② ③ ④ ⑤

799 헌법
① ② ③ ④ ⑤

800 강요하다
① ② ③ ④ ⑤

801 건설하다
① ② ③ ④ ⑤

802 상담하다
① ② ③ ④ ⑤

803 전문의
① ② ③ ④ ⑤

804 소비하다
① ② ③ ④ ⑤

No.	Word	① ② ③ ④		Meaning	① ② ③ ④
793	**consonant** [kánsənənt]	① ② ③ ④		일치하는	① ② ③ ④
794	**conspicuous** [kenspikjuəs]	① ② ③ ④		눈에 띄는, 두드러진	① ② ③ ④
795	**conspiracy** [kənspírəsi]	① ② ③ ④		음모, 공모	① ② ③ ④
796	**constant** [kánstənt]	① ② ③ ④		변치 않는, 성실한	① ② ③ ④
797	**constellation** [kánstəléiʃən]	① ② ③ ④		성좌, 별자리	① ② ③ ④
798	**constitute** [kánstitjuːt]	① ② ③ ④		구성하다, ~로 간주되다	① ② ③ ④
799	**constitution** [kànstətjúːʃən]	① ② ③ ④		구성, 정체, 헌법, 체질	① ② ③ ④
800	**constrain** [kənstréin]	① ② ③ ④		강요하다, 속박하다	① ② ③ ④
801	**construct** [kənstrʌ́kt]	① ② ③ ④		건설하다, 구성하다	① ② ③ ④
802	**consult** [kənsʌ́lt]	① ② ③ ④		상담하다, 참조하다, 조사하다	① ② ③ ④
803	**consultant** [kənsʌ́ltənt]	① ② ③ ④		의논상대, 상의자, 전문의	① ② ③ ④
804	**consume** [kənsúːm]	① ② ③ ④		소비하다, 먹어치우다	① ② ③ ④

✓ STEP 1

805 ① ② ③

공기의 최고 소비자는
큰 숨을 쉬는 인간이다.
☺ 소비자 ⇨ 컨수-멀

806 ① ② ③

전염병을 치료하는 병원이
큰 데로 이전하다.
☺ 전염병 ⇨ 컨테이전

807 ① ② ③

전염병의 설사병이
큰 대전시로 퍼졌어.
☺ 전염병의 ⇨ 컨테이져스

808 ① ② ③

여러 물건을 **포함하고** 있는 박스는
컨테이너 박스.

☺ 포함하다 ⇨ 컨테인

809 ① ② ③

오염된 물은 어디서 나오는 거니?
큰 땜이 쏟아 내는듯하네.

☺ 오염시키다 ⇨ 컨테미네이트

810 ① ② ③

공장들은 **오염된** 물을 공짜로
버리는데
큰 탐이 나있어.

☺ 오염 ⇨ 컨테머네이션

811 ① ② ③

뭘 그렇게 **심사숙고** 하고 있어?
어려운 문제를 간단히 풀 수 있는
방법을 찾고 있어.
☺ 심사숙고하다 ⇨ 칸템플레이트

812 ① ② ③

모차르트와 **동시대의** 음악가들의
특징은?
큰(빠른) 템포로 이 곡을 연주했어.
☺ 동시대의 ⇨ 컨템퍼러리

813 ① ② ③

부자가 캠프에서 다른 사람들을 왜
모욕해?
자기는 큰 텐트를 가졌다고.
☺ 모욕 ⇨ 컨템트

814 ① ② ③

비열한 사람이 한 행동은?
큰 텐트에다 불을 질렀어.
☺ 비열한 ⇨ 컨템터블

815 ① ② ③

오만한 남자가 술에 취해
큰 템포로 춤을 추어서 모두가 웃었어.
☺ 오만한 ⇨ 컨템츄어스

816 ① ② ③

두 나라가 **다투는** 이유는?
큰 탄두 미사일의 소유권 때문에.
☺ 다투다 ⇨ 컨텐드

805 소비자	806 전염병	807 전염성의
① ② ③ ④ ⑤	① ② ③ ④ ⑤	① ② ③ ④ ⑤

808 포함하다	809 오염시키다	810 오염
① ② ③ ④ ⑤	① ② ③ ④ ⑤	① ② ③ ④ ⑤

811 심사숙고하다	812 동시대의	813 모욕
① ② ③ ④ ⑤	① ② ③ ④ ⑤	① ② ③ ④ ⑤

814 비열한	815 오만한	816 다투다
① ② ③ ④ ⑤	① ② ③ ④ ⑤	① ② ③ ④ ⑤

805	consumer [kənsúːmər]	①	②		소비자, 수요자	①	②
		③	④			③	④
806	contagion [kəntéidʒən]	①	②		전염, 전염병	①	②
		③	④			③	④
807	contagious [kəntéidʒəs]	①	②		전염성의, 전염병의	①	②
		③	④			③	④
808	contain [kəntéin]	①	②		포함하다, 억제하다	①	②
		③	④			③	④
809	contaminate [kəntǽmineit]	①	②		오염시키다	①	②
		③	④			③	④
810	contamination [kəntæmənéiʃən]	①	②		오염, 혼합	①	②
		③	④			③	④
811	contemplate [kántəmpleit]	①	②		심사숙고하다, 응시하다	①	②
		③	④			③	④
812	contemporary [kəntémpərəri]	①	②		동시대의, 현대의	①	②
		③	④			③	④
813	contempt [kəntémpt]	①	②		경멸, 모욕	①	②
		③	④			③	④
814	contemptible [kəntémptəbl]	①	②		경멸할 만한, 비열한	①	②
		③	④			③	④
815	contemptuous [kəntémptʃuəs]	①	②		오만한, ~를 경멸하는	①	②
		③	④			③	④
816	contend [kənténd]	①	②		다투다, 경쟁하다, 주장하다	①	②
		③	④			③	④

✓ STEP 1

817 ① ② ③

매우 **만족하는** 표정이네?
캠프에서 쓸 **큰 텐트**를 사서 기뻐서.
☺ 만족하는 ⇨ 컨텐트

818 ① ② ③

학생들은 **경쟁**하며
큰 테스트를 치렀어.
☺ 경쟁 ⇨ 칸테스트

819 ① ② ③

문맥을 살펴볼 때는
큰 데에서부터 시작해야 해.
☺ 문맥 ⇨ 칸텍스트

820 ① ② ③

이 배는 아시아 **대륙**으로
간대, 너두 **갈거니**?
☺ 대륙 ⇨ 칸티넌트

821 ① ② ③

그 녀석은 쉬는 시간마다 **빈번하게**
큰 티를 입고 잔디에 누워.
☺ 빈번한 ⇨ 컨티뉴얼

822 ① ② ③

계속 진행되는 작업이 뭐니?
바닥에 붙은 **껌 띠**는 작업.
☺ 계속하다(되다) ⇨ 컨티뉴-

823 ① ② ③

계속되는~
껌 띠는 작업에 **어스**(us), 우리는
지쳤어.
☺ 계속되는 ⇨ 컨티뉴어스

824 ① ② ③

뭘 사기로 **계약했니**?
큰 트랙트.
☺ 계약(하다) ⇨ 칸트랙트

825 ① ② ③

학생의 본분에 **반대**되는 것은?
불량학생들이 건들거리며 힘없는
학생에게 "돈 **어딨어**?"하며 갈취하는 거.
☺ 반대 ⇨ 칸트러딕션

826 ① ② ③

버스의 핸들을 강 **반대**쪽으로?
강하게 틀어라.
☺ 반대의 ⇨ 칸트레리

827 ① ② ③

나와 **대비**되게 운동 마니아네?
서랍 칸에 트레이닝복 밖에 없어,
스트레칭을 좋아해서.
☺ 대비 ⇨ 칸트래스트

828 ① ② ③

교회에서 **기부한~**
큰 트리에 붓도 달았어.
☺ 기부하다 ⇨ 컨트리뷰트

41

817	만족하는
818	경쟁
819	문맥
820	대륙
821	빈번한
822	계속하다(되다)
823	계속되는
824	계약(하다)
825	반대
826	반대의
827	대비
828	기부하다

① ② ③ ④ ⑤

817	content [kəntént]	① ② ③ ④	만족하는, 감수하는	① ② ③ ④
818	contest [kántest/kɔ́n-]	① ② ③ ④	논쟁, 경쟁, 콘테스트	① ② ③ ④
819	context [kántekst/kɔ́n-]	① ② ③ ④	전후 관계, 문맥	① ② ③ ④
820	continent [kántənənt]	① ② ③ ④	대륙, 본토	① ② ③ ④
821	continual [kəntínjuəl]	① ② ③ ④	잇따른, 계속되는, 빈번한	① ② ③ ④
822	continue [kəntínju(:)]	① ② ③ ④	~을 계속하다(되다)	① ② ③ ④
823	continuous [kəntínjuəs]	① ② ③ ④	계속되는	① ② ③ ④
824	contract [kánktrækt]	① ② ③ ④	계약, 계약하다, 축소하다	① ② ③ ④
825	contradiction [kántrədíkʃən]	① ② ③ ④	모순, 부정, 반대	① ② ③ ④
826	contrary [kántrɛ(:)ri]	① ② ③ ④	반대의, 모순된, 형편이 나쁜, 반대	① ② ③ ④
827	contrast [kántræst]	① ② ③ ④	대조, 대비, 대조하다(시키다)	① ② ③ ④
828	contribute [kəntríbju:t]	① ② ③ ④	공헌하다, 기부하다, 기고하다	① ② ③ ④

✓ STEP 1

829 ① ② ③

권투를 어떻게 **연구해?**
권투를 라이브(live-생방송)로 보며.
☺ 연구하다 ⇨ 컨트라이브

830 ① ② ③

화를 겨우 **억제**하고 있는데 왜 자꾸
건드려!
☺ 억제 ⇨ 컨트로올

831 ① ② ③

논쟁하면서?
겉으로 벌레 씹은 표정을 짓네.
☺ 논쟁 ⇨ 칸트러벌시

832 ① ② ③

할머니, **편리한** 모습이네요?
큰 비녀로 머릴 틀어 올려서 그래.
☺ 편리한 ⇨ 컨비니언트

833 ① ② ③

회의가 어디서 열리니?
큰 배서.
☺ 회의 ⇨ 컨벤션

834 ① ② ③

두 기사는 어떻게 **대화**하고 있어?
큰 버스 세워서.
☺ 대화 ⇨ 칸벌세이션

835 ① ② ③

여자 둘이 어디서 **대화**하고 있어?
큰 버스 안에서.
☺ 대화하다 ⇨ 컨벌-스

836 ① ② ③

종교를 **개종하지** 않으면?
큰 벌을 내린대.
☺ 전환시키다, 개종하다 ⇨
컨벌-트

837 ① ② ③

어디에 있던 물건을 항구로 **운반하니?**
큰 배에 있던 물건.
☺ 운반하다 ⇨ 컨베이

838 ① ② ③

유죄를 선고하면
큰 주릿대로 비틀거야
☺ 유죄를 선고하다 ⇨ 컨빅트

839 ① ② ③

낮은 시험점수를 항의하는 학생에게
뭐라고 **확신시키는** 선생님?
"칸 비었어." 라고.
☺ 확신시키다 ⇨ 컨빈스

840 ① ② ③

다 같이 **협동하면** 빨리 끝나.
협동하여 "굴 파레이!"
☺ 협동하다 ⇨ 코아퍼레이트

829 연구하다	830 억제	831 논쟁
① ② ③ ④ ⑤	① ② ③ ④ ⑤	① ② ③ ④ ⑤

832 편리한	833 회의	834 대화
① ② ③ ④ ⑤	① ② ③ ④ ⑤	① ② ③ ④ ⑤

835 대화하다	836 전환시키다, 개종하다	837 운반하다
① ② ③ ④ ⑤	① ② ③ ④ ⑤	① ② ③ ④ ⑤

838 유죄를 선고하다	839 확신시키다	840 협동하다
① ② ③ ④ ⑤	① ② ③ ④ ⑤	① ② ③ ④ ⑤

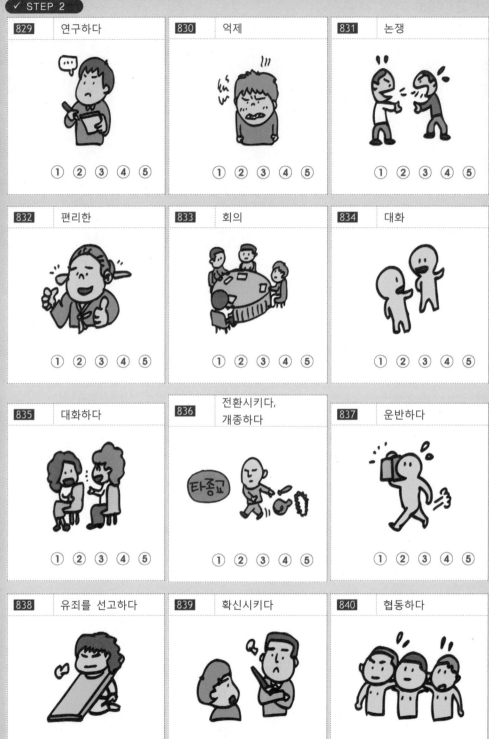

829	contrive [kəntráiv]	① ② ③ ④		연구하다, 고안하다, 꾀하다	① ② ③ ④
830	control [kəntróul]	① ② ③ ④		지배, 억제, 통제(하다)	① ② ③ ④
831	controversy [kántrəvə:rsi]	① ② ③ ④		논쟁, 논의	① ② ③ ④
832	convenient [kənví:njənt]	① ② ③ ④		편리한, 형편 좋은	① ② ③ ④
833	convention [kənvénʃən]	① ② ③ ④		회의(대회), 관습, 협정	① ② ③ ④
834	conversation [kánvərséiʃən]	① ② ③ ④		대화, 회화, 회담	① ② ③ ④
835	converse [kənvə́:rs]	① ② ③ ④		담화하다, 대화하다	① ② ③ ④
836	convert [kənvə́:rt]	① ② ③ ④		전환시키다(개조하다), 바꾸다, 개종하다	① ② ③ ④
837	convey [kənvéi]	① ② ③ ④		운반하다, 전달하다	① ② ③ ④
838	convict [kənvíkt]	① ② ③ ④		유죄를 선고하다, 재소자	① ② ③ ④
839	convince [kənvíns]	① ② ③ ④		확신시키다, 설득하다	① ② ③ ④
840	cooperate [kouápəréit]	① ② ③ ④		협력하다, 협동하다	① ② ③ ④

✓ STEP 1

---

841 ① ② ③

이 꽃이랑 **동등한** 스타일을 만들려고?
응, 꽃이 네 잎도 안 돼서 하나 더
붙여야 해.

☺ 동등한 ⇨ 코올더네이트

---

842 ① ② ③

서로 **맞서고** 있는 소들이?
코를 푸우~ 하며 내쉬네.

☺ 맞서다 ⇨ 코우프

---

843 ① ② ③

동으로 만든 10원짜리만 있어?
내 돈 갚어!

☺ 동, 구리 ⇨ 카퍼

---

844 ① ② ③

뭘 마시며 **복사**해?
커피 마시며.

☺ 복사하다 ⇨ 카피

---

845 ① ② ③

저작권에 대해 이야기해볼까?
커피마시며 라이터(lighter) 저작권에
대해 이야기 해 보자.

☺ 저작권 ⇨ 카피라이트

---

846 ① ② ③

광고문안작성자가
커피와 라이터 광고를 만들었어.

☺ 광고문안작성자 ⇨ 카피라이털

---

847 ① ② ③

암초에 배가 가라앉아 물에
코 넣고 입도 넣었어.

☺ 산호, 암초 ⇨ 코-럴리-프

---

848 ① ② ③

진심 어리게
코가 땅에 닿도록 절하네.

☺ 진심어린 ⇨ 코-절

---

849 ① ② ③

얼굴의 **핵심**은?
코다.

☺ 핵심 ⇨ 코얼

---

850 ① ② ③

주식회사의 직원이?
"코 아파, 내 이손으로 코 팠어."

☺ 주식회사 ⇨ 코-퍼레이션

---

851 ① ② ③

1군단의 규모는?
커~

☺ 군단 ⇨ 코올

---

852 ① ② ③

주검의 상태는?
코가 폭석 들어갔어.

☺ 주검 ⇨ 코-프스

---

841 동등한	842 맞서다	843 동, 구리

① ② ③ ④ ⑤	① ② ③ ④ ⑤	① ② ③ ④ ⑤

844 복사하다	845 저작권	846 광고문안작성자

① ② ③ ④ ⑤	① ② ③ ④ ⑤	① ② ③ ④ ⑤

847 산호, 암초	848 진심어린	849 핵심

① ② ③ ④ ⑤	① ② ③ ④ ⑤	① ② ③ ④ ⑤

850 주식회사	851 군단	852 주검
		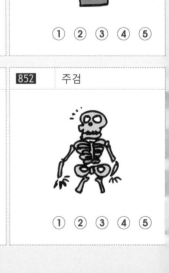
① ② ③ ④ ⑤	① ② ③ ④ ⑤	① ② ③ ④ ⑤

No.	Word					Meaning		
841	coordinate [kouɔ́:rdənèit]	①	②		동등한, 대등하게 하다, 조정하다	①	②	
		③	④			③	④	
842	cope [koup]	①	②		대처하다, 맞서다, 극복하다	①	②	
		③	④			③	④	
843	copper [kápər]	①	②		구리, 동	①	②	
		③	④			③	④	
844	copy [kápi/kɔ́pi]	①	②		복사하다, 베끼다	①	②	
		③	④			③	④	
845	copyright [kápiràit]	①	②		판권, 저작권	①	②	
		③	④			③	④	
846	copywriter [kápiràitər]	①	②		광고문안작성자	①	②	
		③	④			③	④	
847	coral reef [kɔ́:rəlri:f]	①	②		산호, 사주	①	②	
		③	④			③	④	
848	cordial [kɔ́:rdʒəl]	①	②		따뜻한, 진심어린	①	②	
		③	④			③	④	
849	core [kɔ:r]	①	②		응어리, 속, 핵심	①	②	
		③	④			③	④	
850	corporation [kɔ̀:rpəréiʃən]	①	②		법인, 주식회사	①	②	
		③	④			③	④	
851	corps [kɔ:r]	①	②		군단, 부대, 집단	①	②	
		③	④			③	④	
852	corpse [kɔ:rps]	①	②		주검(시체)	①	②	
		③	④			③	④	

✓ STEP 1

853 ① ② ③

정확하게 가격이 맞아야?
거래도 성사돼.

☺ 정확한 ⇨ 커렉트

854 ① ② ③

걷는 속도와 **관련돼서?**
걸어서 학교에 갈 때 래일(late),
늦었어.

☺ 관련되다 ⇨ 코-럴레이트

855 ① ② ③

양이 **일치하게** 저울에
걸어서 판다.

☺ 일치하다 ⇨ 코-러스판드

856 ① ② ③

그 **기자**는 어떤 뉴스를 전했니?
내가 온 동네를 걸어서 판 찹쌀떡의
수와 돈.

☺ 기자 ⇨ 코-러스판던트

857 ① ② ③

사람들은 **부패한** 음식쓰레기
치우기를?
꺼렸다.

☺ 부패한 ⇨ 커럽트

858 ① ② ③

이 **화장품**을 바르면?
코에 스며들어 예쁜 티가 나.

☺ 화장품 ⇨ 카즈메틱

859 ① ② ③

우주에서도~
코스모스 꽃이 자라나?

☺ 우주 ⇨ 카즈머스

860 ① ② ③

의상이
커서 옷과 몸 사이에 틈이 생겼어.

☺ 의상 ⇨ 카스튬움

861 ① ② ③

명절동안 **시골집**에?
갇히지 말고 놀러가야지.

☺ 시골집 ⇨ 카티쥐

862 ① ② ③

솜으로 만든
커튼.

☺ 솜 ⇨ 카튼

863 ① ② ③

헌 **소파**라도 버리기~
아까웠어.

☺ 소파 ⇨ 카우치

864 ① ② ③

감기에 걸려 **기침**하며
코풀어.

☺ 기침(하다) ⇨ 코-프

853 정확한	854 관련되다	855 일치하다
① ② ③ ④ ⑤	① ② ③ ④ ⑤	① ② ③ ④ ⑤
856 기자	857 부패한	858 화장품
① ② ③ ④ ⑤	① ② ③ ④ ⑤	① ② ③ ④ ⑤
859 우주	860 의상	861 시골집
① ② ③ ④ ⑤	① ② ③ ④ ⑤	① ② ③ ④ ⑤
862 솜	863 소파	864 기침(하다)
① ② ③ ④ ⑤	① ② ③ ④ ⑤	① ② ③ ④ ⑤

853	**correct** [kərékt]	① ② ③ ④		옳은, 정확한, 정정하다	① ② ③ ④
854	**correlate** [kɔ́ːrəlèit,kɑ́r-]	① ② ③ ④		서로 관련되다	① ② ③ ④
855	**correspond** [kɑ̀rispánd]	① ② ③ ④		일치하다, 서신, 왕래하다	① ② ③ ④
856	**correspondent** [kɔ̀ːrəspándənt]	① ② ③ ④		기자(통신원), 특파원	① ② ③ ④
857	**corrupt** [kərʌ́pt]	① ② ③ ④		부패한, 부패시키다	① ② ③ ④
858	**cosmetic** [kazmétik]	① ② ③ ④		화장품, 화장용의	① ② ③ ④
859	**cosmos** [kɑ́zməs]	① ② ③ ④		우주, 질서 있는 체계	① ② ③ ④
860	**costume** [kɑ́stuːm]	① ② ③ ④		의상, 복장	① ② ③ ④
861	**cottage** [kɑ́tidʒ/kɔ́t-]	① ② ③ ④		시골집, 독채 주택	① ② ③ ④
862	**cotton** [kɑ́tn]	① ② ③ ④		솜, 무명(실)	① ② ③ ④
863	**couch** [kautʃ]	① ② ③ ④		침상, 소파	① ② ③ ④
864	**cough** [kɔ(ː)f,kɑf]	① ② ③ ④		기침(하다)	① ② ③ ④

✓ STEP 1

865 ① ② ③

지방의회에 검은~
가운을 입은 판사들이 서있네.

☺ 지방의회 ⇨ 카운설

866 ① ② ③

의논한 후 환자에게 설명해 준
사람은?
가운을 입고 서있는 의사.

☺ 의논 ⇨ 카운설

867 ① ② ③

돈을 **세서**
가까운 은행에 저금했어.

☺ 세다 ⇨ 카운트

868 ① ② ③

용모가 단정한 직원이
카운터에 돈 넣었어.

☺ 용모 ⇨ 카운터넌스

869 ① ② ③

한쪽 팔 들고 있는 사람 어디 있어?
카운터 앞에서 팔 들고 있어.

☺ 한쪽 ⇨ 카운터팔트

870 ① ② ③

옷장에 **셀 수 없이** 많은
가운들이 있어.

☺ 셀 수 없는 ⇨ 카운틀리스

871 ① ② ③

용기 있는 사람만이
큰 레이저 검을 쓸 수 있어.

☺ 용기 있는 ⇨ 커레이저스

872 ① ② ③

예의바르게 인사하는 아이를 보고?
"그렇지!"

☺ 예의바름 ⇨ 콜-터시

873 ① ② ③

베개를 **감싸고** 있는 것은?
베개 커버.

☺ 감싸다 ⇨ 커벌

874 ① ② ③

보톡스도 얼굴의 **적용 범위**에 맞게
하지 않으면 얼굴이?
커버리지.

☺ 적용 범위 ⇨ 커버리쥐

875 ① ② ③

겁쟁이는 힘 센 사람이 물건을
달라하면?
아까워도 준다.

☺ 겁쟁이 ⇨ 카우얼드

876 ① ② ③

소심한 사람이 정전이 되자 자기 코도
못 찾고?
"코 어딨어!" 하네.

☺ 소심 ⇨ 카워디스

865 지방의회	866 의논	867 세다
① ② ③ ④ ⑤	① ② ③ ④ ⑤	① ② ③ ④ ⑤

868 용모	869 한쪽	870 셀 수 없는
① ② ③ ④ ⑤	① ② ③ ④ ⑤	① ② ③ ④ ⑤

871 용기 있는	872 예의바름	873 감싸다
① ② ③ ④ ⑤	① ② ③ ④ ⑤	① ② ③ ④ ⑤

874 적용 범위	875 겁쟁이	876 소심
① ② ③ ④ ⑤	① ② ③ ④ ⑤	① ② ③ ④ ⑤

865	council [káunsəl]	① ② ③ ④		회의, 지방 의회	① ② ③ ④
866	counsel [káunsəl]	① ② ③ ④		의논, 조언(하다)	① ② ③ ④
867	count [kaunt]	① ② ③ ④		세다, 계산에 넣다, 간주하다, 중요하다	① ② ③ ④
868	countenance [káuntənəns]	① ② ③ ④		얼굴, 표정, 용모	① ② ③ ④
869	counterpart [káuntərpà:rt]	① ② ③ ④		짝의 한 쪽, 상응하는 사람(것)	① ② ③ ④
870	countless [káuntlis]	① ② ③ ④		셀 수 없는	① ② ③ ④
871	courageous [kəréidʒəs]	① ② ③ ④		용기 있는	① ② ③ ④
872	courtesy [kɔ́:rtəsi]	① ② ③ ④		예의바름, 호의	① ② ③ ④
873	cover [kʌ́vər]	① ② ③ ④		보호하다, 감싸다, 감추다, 덮개,	① ② ③ ④
874	coverage [kʌ́vəridʒ]	① ② ③ ④		적용 범위	① ② ③ ④
875	coward [káuərd]	① ② ③ ④		겁쟁이, 비겁한 자	① ② ③ ④
876	cowardice [káuərdis]	① ② ③ ④		겁, 비겁, 소심	① ② ③ ④

✓ STEP 1

877 ① ② ③

과제를 같이하는 **동료**의
코가 워낙~커 웃음이 나왔어.

☺ 동료 ⇨ 코우워-컬

878 ① ② ③

아늑한 침대에서 자고 있는 아이를?
꼬집었어.

☺ 아늑한 ⇨ 코우지

879 ① ② ③

**중앙(Central) 처리(Processing)
장치(Unit)** 의 줄임말은?
씨피유(CPU)

☺ 컴퓨터 중앙처리장치 ⇨
씨피유(CPU)

880 ① ② ③

균열이 있어?
그래, 바로 그 부분이야.

☺ 균열 ⇨ 크랙

881 ① ② ③

요람에서
클 애들이야.

☺ 요람 ⇨ 크레이들

882 ① ② ③

항공기를 안전하게 운행하여?
끝내 뿌듯했어.

☺ 항공기 ⇨ 크래프트

883 ① ② ③

교활한 친구가 낸 문제를?
끝내 풀지 못했어.

☺ 교활한 ⇨ 크래프티

884 ① ② ③

바지에 몸을 **밀어 넣으려면?**
뚱뚱한 몸을 큰 랩(wrap)으로 감싸면
돼.

☺ 밀어 넣다 ⇨ 크램

885 ① ② ③

쿵하고 물건을 떨어뜨리자
"소리가 커, 쉬~" 하고 경고를 주네.

☺ 충돌, 쿵 ⇨ 크래쉬

886 ① ② ③

작은아이가 춥다고 이불을 **갈망하자?**
"이건 **큰애 이불**이야."

☺ 갈망하다 ⇨ 크레이브

887 ① ② ③

기어가는 아기를 엄마가?
끌어올려.

☺ 기다 ⇨ 크로올

888 ① ② ③

저 애는 가수에 **열광하는** 사람으로~
클 애이지.

☺ 열광하는 ⇨ 크레이지

56

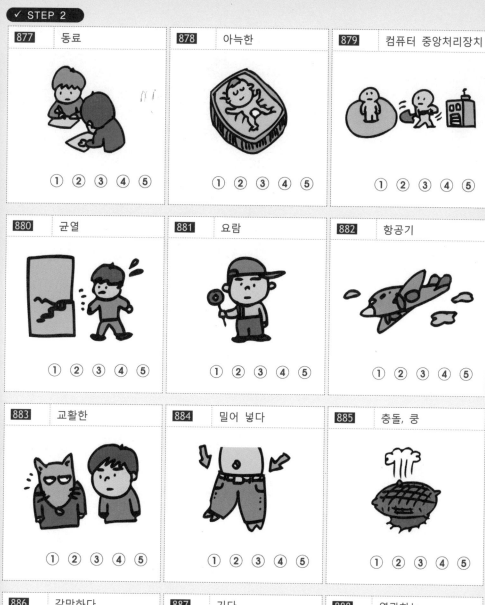

| 877 | 동료 | 878 | 아늑한 | 879 | 컴퓨터 중앙처리장치 |

① ② ③ ④ ⑤

① ② ③ ④ ⑤

① ② ③ ④ ⑤

| 880 | 균열 | 881 | 요람 | 882 | 항공기 |

① ② ③ ④ ⑤

① ② ③ ④ ⑤

① ② ③ ④ ⑤

| 883 | 교활한 | 884 | 밀어 넣다 | 885 | 충돌, 쿵 |

① ② ③ ④ ⑤

① ② ③ ④ ⑤

① ② ③ ④ ⑤

| 886 | 갈망하다 | 887 | 기다 | 888 | 열광하는 |

① ② ③ ④ ⑤

① ② ③ ④ ⑤

① ② ③ ④ ⑤

877	co-worker [kóuwə̀:rkər]	① ② ③ ④		협력자, 동료	① ② ③ ④
878	cozy [kóuzi]	① ② ③ ④		아늑한, 편안한, 신중한	① ② ③ ④
879	CPU [sipiju:]	① ② ③ ④		컴퓨터 중앙처리장치	① ② ③ ④
880	crack [kræk]	① ② ③ ④		금, 균열, 딱 하고 갈라지다	① ② ③ ④
881	cradle [kréidl]	① ② ③ ④		요람, 아기침대, 발상지, 부드럽게 안다	① ② ③ ④
882	craft [kræft/krɑ:ft]	① ② ③ ④		기능, 선박, 항공기	① ② ③ ④
883	crafty [krǽfti]	① ② ③ ④		교활한, 능란한	① ② ③ ④
884	cram [kræm]	① ② ③ ④		밀어 넣다, 벼락치기 공부하다	① ② ③ ④
885	crash [kræʃ]	① ② ③ ④		부서지다, 충돌하다, 충돌, 쿵	① ② ③ ④
886	crave [kreiv]	① ② ③ ④		열망하다, 갈망하다	① ② ③ ④
887	crawl [krɔ:l]	① ② ③ ④		기다, 느릿느릿 가다	① ② ③ ④
888	crazy [kréizi]	① ② ③ ④		열광하는, 몰두한 미친	① ② ③ ④

✓ STEP 1

889	890	891
이 옷 다시 **만들어**~ 내가 만든 옷이 크니? 에잇!	**생물**의 생태계가 오염됐지? 깨끗한 환경을 만드는 걸 그르쳐서 그래.	**믿을 만한** 영웅, 슈퍼맨이? 끝내 저 불을 껐어.
☺ 만들어 내다 ⇨ 크리에이트	☺ 생물 ⇨ 크리철	☺ 믿을 만한 ⇨ 크레더블
892	893 	894 
저 아이는 돈을 빌려줄 만큼 **신용**이~ 큰 애디(애지)?	**명예로운** 소방관은? 불을 끄다 끝내 뒤 터 불속에서 숨겼어.	**잘 믿는** 술래에게? "걔네 둘 없어." 해도 믿어.
☺ 신용 ⇨ 크레디트	☺ 명예로운 ⇨ 크레디터블	☺ 잘 믿는 ⇨ 크레뮬러스
895 	896 	897
왕이 신하에게 "네 **신념**이~ 그리도 깊더냐."	**샛강**이 작아 보이네? 키가 크니 그래.	아기가 살금살금 **기다**가? 커니 걸어 다녀.
☺ 신념 ⇨ 크리-드	☺ 샛강, 시내 ⇨ 크리-크	☺ 기다 ⇨ 크리-프
898	899	900
소각하는 장면이 이 그림에 있어.	배 **승무원**이 항구에 묶인 밧줄을? 끄르고 있어.	빵을 훔친 저 아이는 더 큰 **범죄**를 저지르는 사람으로 클 아임.
☺ 소각 ⇨ 크리메이션	☺ 승무원 ⇨ 크루-	☺ 범죄 ⇨ 크라임

| 889 | 만들어 내다 | 890 | 생물 | 891 | 믿을 만한 |

889 만들어 내다
① ② ③ ④ ⑤

890 생물
① ② ③ ④ ⑤

891 믿을 만한
① ② ③ ④ ⑤

892 신용
① ② ③ ④ ⑤

893 명예로운
① ② ③ ④ ⑤

894 잘 믿는
① ② ③ ④ ⑤

895 신념
① ② ③ ④ ⑤

896 샛강, 시내
① ② ③ ④ ⑤

897 기다
① ② ③ ④ ⑤

898 소각
① ② ③ ④ ⑤

899 승무원
① ② ③ ④ ⑤

900 범죄
① ② ③ ④ ⑤

889	create [kriéit]	① ② ③ ④		창조하다, 만들어 내다	① ② ③ ④
890	creature [kríːtʃər]	① ② ③ ④		생물, 동물 인간, 사람 창조물	① ② ③ ④
891	credible [krédəbl]	① ② ③ ④		믿을 만한	① ② ③ ④
892	credit [krédit]	① ② ③ ④		신용, 영예	① ② ③ ④
893	creditable [kréditəbl]	① ② ③ ④		명예로운, 훌륭한	① ② ③ ④
894	credulous [krédʒuləs]	① ② ③ ④		잘 믿는, 속기 쉬운	① ② ③ ④
895	creed [kriːd]	① ② ③ ④		신조, 신념	① ② ③ ④
896	creek [kriːk,krik]	① ② ③ ④		시내, 샛강	① ② ③ ④
897	creep [kriːp]	① ② ③ ④		기다, 살금살금 다가오다	① ② ③ ④
898	cremation [kriméiʃən]	① ② ③ ④		소각, 화장	① ② ③ ④
899	crew [kruː]	① ② ③ ④		승무원, 작업단	① ② ③ ④
900	crime [kraim]	① ② ③ ④		범죄, 죄악	① ② ③ ④

✔ STEP 1

901 ① ② ③

범죄의 현장에서 독이 든?
크림이 널려져 있었어.
☺ 범죄의 ⇨ 크리머널

902 ① ② ③

나무를 어떻게 **손상시켰어?**
큰 잎을 먹어서.
☺ 손상시키다 ⇨ 크리플

903 ① ② ③

이 **위기**가 힘들지?
원래 클 아이들은 실수를 하며 자라.
☺ 위기 ⇨ 크라이시스

904 ① ② ③

평균 키 **기준**에 넘게 키가
클 아이는 잘 뛰어 논다.
☺ 기준 ⇨ 크라이티리언

905 ① ② ③

어떤 **비평의** 말을 들었니?
"왜 그리 티끌이 많소."
☺ 비평의 ⇨ 크리티컬

906 ① ② ③

저승사자에게 뭘 **비난**하고 있어?
크리스마스에 스쿠루지씨 좀 안
데려간다고.
☺ 비난 ⇨ 크리티시점

907 ① ② ③

손님이 **흠잡는** 것은?
그린 티(녹차) 맛과 포장 컵 사이즈.
☺ 흠잡다, 비평하다 ⇨
크리티사이즈

908 ① ② ③

허리를 **구부리고** 앉아있는 사람에게?
"그러고 앉지 마."
☺ 구부리다 ⇨ 크룩

909 ① ② ③

수리수리 마수리~ **농작물**아~
크라! 얍!
☺ 농작물 ⇨ 크랍

910 ① ② ③

횡단보도를 건너기 싫어하는 아이를?
끌어서 왔어.
☺ 횡단보도 ⇨ 크로스워-크

911 ① ② ③

쭈그리고 앉아 놀고 있는?
키 큰 아우를 치네.
☺ 쭈그리다 ⇨ 크라우취

912 ① ② ③

집이 왜 **붐벼?**
큰 아우들이 와서.
☺ 붐비다 ⇨ 크라우드

901 범죄의	902 손상시키다	903 위기

① ② ③ ④ ⑤	① ② ③ ④ ⑤	① ② ③ ④ ⑤

904 기준	905 비평의	906 비난

① ② ③ ④ ⑤	① ② ③ ④ ⑤	① ② ③ ④ ⑤

907 흠잡다, 비평하다	908 구부리다	909 농작물

① ② ③ ④ ⑤	① ② ③ ④ ⑤	① ② ③ ④ ⑤

910 횡단보도	911 쭈그리다	912 붐비다

① ② ③ ④ ⑤	① ② ③ ④ ⑤	① ② ③ ④ ⑤

		①	②			①	②
901	criminal [krímənl]	③	④		범죄의, 유죄의, 형사상의	③	④
902	cripple [kripl]	①	②		절뚝발이로 만들다, 손상시키다, 절뚝발이, 불구	①	②
		③	④			③	④
903	crisis [kráisis]	①	②		위기	①	②
		③	④			③	④
904	criterion [kraitíriən]	①	②		기준	①	②
		③	④			③	④
905	critical [krítikəl]	①	②		비평의, 위기의	①	②
		③	④			③	④
906	criticism [krítisìzəm]	①	②		비평, 비난	①	②
		③	④			③	④
907	criticize [krítisáiz]	①	②		비난하다, 흠잡다, 비평하다	①	②
		③	④			③	④
908	crook [kruk]	①	②		구부리다, 부정직한 사람, 사기꾼	①	②
		③	④			③	④
909	crop [krɑp/krɔp]	①	②		수확, 농작물	①	②
		③	④			③	④
910	crosswalk [króśwɔ̀ːk]	①	②		횡단보도	①	②
		③	④			③	④
911	crouch [krautʃ]	①	②		쭈그리다, 쭈그림	①	②
		③	④			③	④
912	crowd [kraud]	①	②		군중, 다수, 꽉 들어차다, 붐비다	①	②
		③	④			③	④

✓ STEP 1

913 ① ② ③

중대한 회의에서 회장이 회원의 말에
"그러셔?" 하고 답하네.
☺ 중대한 ⇨ 크루-셜

914 ① ② ③

상스러운 목소리는?
은쟁반에 쇠못 **구르듯** 한 소리.
☺ 상스러운 ⇨ 크루-드

915 ① ② ③

잔인한 인간들!
곰을 구워 먹다니.
☺ 잔인한 ⇨ 크루-얼

916 ① ② ③

순항하고 있는 배는?
탐 크루즈가 탄 배.
☺ 순항(하다) ⇨ 크루-즈

917 ① ② ③

부서진 꿈은?
슈퍼맨이 되겠다는 그런 부푼 꿈.
☺ 부서지다 ⇨ 크럼블

918 ① ② ③

풀을 찌부러지게 하려면?
"그럼 풀을 밟아."
☺ 찌부러지게 하다 ⇨ 크럼플

919 ① ② ③

석탄을 **분쇄하여** 수레에 담아
끌었지.

☺ 분쇄하다 ⇨ 크러쉬

920 ① ② ③

빵 껍질에 치즈가 보들보들하게
들어간 피자는?
치즈 크러스트피자.
☺ 빵 껍질 ⇨ 크러스트

921 ① ② ③

역기를 **버팀목**처럼 들고 있는
선수에게?
"그렇지! 그렇게 하면 돼!"
☺ 버팀목 ⇨ 크러취

922 ① ② ③

수정을 좋아하는 친구는?
내 미국 친구 크리스탈!
☺ 수정 ⇨ 크리스털

923 ① ② ③

정육면체로 된 숫자 맞추기 장난감은?
큐브.
☺ 정육면체 ⇨ 큐-브

924 ① ② ③

뜨거운 **요리**냄비 만져 깜짝 놀라
귀를 쥔 모습.
☺ 요리 ⇨ 퀴지인

913 중대한	914 상스러운	915 잔인한

① ② ③ ④ ⑤	① ② ③ ④ ⑤	① ② ③ ④ ⑤

916 순항(하다)	917 부서지다	918 찌부러지게 하다

① ② ③ ④ ⑤	① ② ③ ④ ⑤	① ② ③ ④ ⑤

919 분쇄하다	920 빵 껍질	921 버팀목

① ② ③ ④ ⑤	① ② ③ ④ ⑤	① ② ③ ④ ⑤

922 수정	923 정육면체	924 요리
	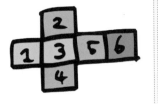	
① ② ③ ④ ⑤	① ② ③ ④ ⑤	① ② ③ ④ ⑤

913	crucial [krú:ʃəl]	① ② ③ ④		중대한, 결정적인	① ② ③ ④
914	crude [kru:d]	① ② ③ ④		가공하지 않은, 상스러운, 조잡한	① ② ③ ④
915	cruel [crú:əl]	① ② ③ ④		잔인한, 지독한	① ② ③ ④
916	cruise [kru:z]	① ② ③ ④		순항하다, 순항	① ② ③ ④
917	crumble [krʌ́mbl]	① ② ③ ④		빻다, 부서지다	① ② ③ ④
918	crumple [krʌ́mpl]	① ② ③ ④		구기다, 찌부러지게 하다, 압도하다	① ② ③ ④
919	crush [krʌʃ]	① ② ③ ④		짓밟다, 분쇄하다	① ② ③ ④
920	crust [krʌst]	① ② ③ ④		빵 껍질, 딱딱한 외피	① ② ③ ④
921	crutch [krʌtʃ]	① ② ③ ④		버팀목, 지주,	① ② ③ ④
922	crystal [krístəl]	① ② ③ ④		수정, 수정 같은	① ② ③ ④
923	cube [kju:b]	① ② ③ ④		입방체(정육면체)	① ② ③ ④
924	cuisine [kwizí:n]	① ② ③ ④		요리솜씨, 요리(법)	① ② ③ ④

✓ STEP 1

925 ① ② ③

작업이 **최고조에 달하는** 시기는?
봄에 큰 모내기 할 때.
☺ 최고조에 달하다 ⇨ 컬머네이트

926 ① ② ③

차를 **재배한** 후?
칼로 티(tea) 차를 베어 수확해.
☺ 재배하다 ⇨ 컬터베이트

927 ① ② ③

경작한 벼를?
칼로 베어서 수확.
☺ 경작 ⇨ 컬터베이션

928 ① ② ③

저 사람 **교양** 없지?
말투가 거칠어.
☺ 교양, 문화 ⇨ 컬철

929 ① ② ③

약삭빠른 아이가 선생님 눈을 피해?
커닝하네.
☺ 약삭빠른 ⇨ 커닝

930 ① ② ③

다친 강아지를 **치료하고**?
잘 키워~
☺ 치료하다 ⇨ 큐얼

931 ① ② ③

호기심 있는 사람은?
퀴리(부인)였어.
☺ 호기심 있는 ⇨ 큐어리어스

932 ① ② ③

곱슬머리에 빗이 자꾸?
걸리네.
☺ 곱슬머리의 ⇨ 커-얼리

933 ① ② ③

유통되고 있는 수박은?
커다란 씨앗이 들어 있는 수박.
☺ 유통 ⇨ 커-런시

934 ① ② ③

요즘 **흐름**은?
고런 (말)투로 말 하는 거야.
☺ 현재의, 흐름 ⇨ 커-런트

935 ① ② ③

교과과정을 선생님이?
가리킬 님에게 설명하고 있어.
☺ 교과과정 ⇨ 커리큘럼

936 ① ② ③

마녀가 뭘 **저주해**?
온 마을 불을 켤 수 없게.
☺ 저주하다 ⇨ 컬-스

925	최고조에 달하다

① ② ③ ④ ⑤

926	재배하다

① ② ③ ④ ⑤

927	경작

① ② ③ ④ ⑤

928	교양, 문화

① ② ③ ④ ⑤

929	약삭빠른

① ② ③ ④ ⑤

930	치료하다

① ② ③ ④ ⑤

931	호기심 있는

① ② ③ ④ ⑤

932	곱슬머리의

① ② ③ ④ ⑤

933	유통

① ② ③ ④ ⑤

934	현재의, 흐름

① ② ③ ④ ⑤

935	교과과정

① ② ③ ④ ⑤

936	저주하다

① ② ③ ④ ⑤

번호	단어	①	②		뜻	①	②
925	culminate [kʌ́lmənèit]	①	②		~로 끝이 나다, 정점에 이르다, 최고조에 달하다	①	②
		③	④			③	④
926	cultivate [kʌ́ltibéit]	①	②		경작하다, 재배하다, 도야하다	①	②
		③	④			③	④
927	cultivation [kʌ̀ltəvéiʃən]	①	②		경작, 배양, 양성	①	②
		③	④			③	④
928	culture [kʌ́ltʃər]	①	②		문화, 교양	①	②
		③	④			③	④
929	cunning [kʌ́niŋ]	①	②		잘된, 약삭빠른	①	②
		③	④			③	④
930	cure [kjuər]	①	②		치료하다, 없애다, 치료법	①	②
		③	④			③	④
931	curious [kjú(:)riəs]	①	②		호기심 있는, 진기한	①	②
		③	④			③	④
932	curly [kə́:rli]	①	②		오그라든, 곱슬머리의	①	②
		③	④			③	④
933	currency [kə́:rənsi]	①	②		통용, 유통, 통화(화폐)	①	②
		③	④			③	④
934	current [kə́:rənt]	①	②		현재의, 유행의, 통용되고 있는, 흐름	①	②
		③	④			③	④
935	curriculum [kəríkjuləm]	①	②		교과과정	①	②
		③	④			③	④
936	curse [kə:rs]	①	②		저주하다, 괴롭히다	①	②
		③	④			③	④

✓ STEP 1

937 ① ② ③	938 ① ② ③	939 ① ② ③
차가 도로의 **굽은** 부분에서? 커브를 돌고 있어. ☺ 굽음 ⇨ 컬-브	우리의 **관습은**? 인심이 커서, 덤을 주는 것. ☺ 관습 ⇨ 커스텀	저 **단골손님** 딸이 커서 또 뭘 사러 올지 몰라. ☺ 고객, 단골손님 ⇨ 커스터멀
940 ① ② ③	941 ① ② ③	942 ① ② ③
최첨단 기계로 코팅 했지! ☺ 최첨단(의) ⇨ 커팅에쥐	**인공두뇌학**의 발달로 사이버 상에서 뇌 쓰는 로봇이 발명되었어. ☺ 인공두뇌학 ⇨ 사이벌네틱스	**가상공간**에 들어가서 눈 깜빡할 사이에 버스를 피했어. ☺ 가상공간 ⇨ 사이벌스페이스
943 ① ② ③	944 ① ② ③	945 ① ② ③
학생이 쓴 시를 보고 **비꼬는** 선생님은? "이것도 시니? 껄껄." ☺ 비꼬는 ⇨ 시니컬	주방에서 **매일의** 고된 작업에? 안 데일리 없는 내 손. ☺ 매일의 ⇨ 데일리	신선한 **유제품**을 얻기 위해 양동이를 젖소 밑에~ 대리? ☺ 유제품 ⇨ 데어리
946 ① ② ③	947 ① ② ③	948 ① ② ③
이 댐은 폭풍으로 **손상**을 입은~ 댐이지? ☺ 손상 ⇨ 대미쥐	물이 흘러 넘쳐 **축축한**~ 댐 아래에 놓인 마술 램프. ☺ 축축한 ⇨ 댐프	**매달려** 있는 토끼인형은 창문에 댕그러니 매달려 있어. ☺ 매달리다 ⇨ 댕글

937 굽음	938 관습	939 고객, 단골손님

① ② ③ ④ ⑤	① ② ③ ④ ⑤	① ② ③ ④ ⑤

940 최첨단(의)	941 인공두뇌학	942 가상공간

① ② ③ ④ ⑤	① ② ③ ④ ⑤	① ② ③ ④ ⑤

943 비꼬는	944 매일의	945 유제품

① ② ③ ④ ⑤	① ② ③ ④ ⑤	① ② ③ ④ ⑤

946 손상	947 축축한	948 매달리다

① ② ③ ④ ⑤	① ② ③ ④ ⑤	① ② ③ ④ ⑤

No.	단어	①	②	③	④	그림	뜻	①	②	③	④
937	**curve** [kə:rv]	①	②	③	④		만곡, 곡선, 굽음, 구부리다	①	②	③	④
938	**custom** [kʌ́stəm]	①	②	③	④		관습, 애호, 관세	①	②	③	④
939	**customer** [kʌ́stəmər]	①	②	③	④		고객, 단골손님	①	②	③	④
940	**cutting edge** [kʌ́tiŋedʒ]	①	②	③	④		최첨단(의)	①	②	③	④
941	**cybernetics** [sàibərnétiks]	①	②	③	④		인공두뇌학	①	②	③	④
942	**cyberspace** [sáibərspèis]	①	②	③	④		가상공간	①	②	③	④
943	**cynical** [sínikəl]	①	②	③	④		냉소적인, 비꼬는	①	②	③	④
944	**daily** [déili]	①	②	③	④		매일의, 일상의	①	②	③	④
945	**dairy** [dέəri]	①	②	③	④		유제품(의), 낙농업	①	②	③	④
946	**damage** [dǽmidʒ]	①	②	③	④		손해, 손상, 손해를 입히다	①	②	③	④
947	**damp** [dæmp]	①	②	③	④		습기찬, 축축한, 습기, 적시다	①	②	③	④
948	**dangle** [dǽŋgəl]	①	②	③	④		매달(리)다	①	②	③	④

✓ STEP 1

949 ① ② ③

감히 왕의 몸에 손을~
대어?

☺ 감히~하다 ⇨ 대얼

950 ① ② ③

용감무쌍하게
되게 어린왕자 혼자 사막으로 걸어
들어갔어.

☺ 용감무쌍하게 ⇨ 데어링

951 ① ② ③

어두워지자
밝은 달 아래로 큰 은하수가
펼쳐졌어.

☺ 어두워지다 ⇨ 달-컨

952 ① ② ③

화살 던지는 게임은
다트게임.

☺ 던지다 ⇨ 달-트

953 ① ② ③

남자가 내 쪽으로 **돌진하고**
대시하고 가버렸어.

☺ 돌진하다 ⇨ 대쉬

954 ① ② ③

날짜가 지날수록?
데이트 횟수가 줄어들어.

☺ 날짜 ⇨ 데이트

955 ① ② ③

새벽이 되자?
동이 트네.

☺ 새벽 ⇨ 도온

956 ① ② ③

새벽녘에?
데이브와 함께 레이크(호수/lake)를
거닐었어.

☺ 새벽녘 ⇨ 데이브레이크

957 ① ② ③

백일몽은?
데이(day-낮) 낮에 꾸는 드림(dream).

☺ 백일몽 ⇨ 데이드림-

958 ① ② ③

어떤 영화가 너를 **현혹시켰어?**
영화 세븐데이즈.

☺ 현혹시키다 ⇨ 데이즈

959 ① ② ③

힘들게 공부 하다가도 **눈부시게**
빛나는~
대학 캠퍼스를 생각하면 즐거워져.

☺ 눈부시게 하다 ⇨ 대즐

960 ① ② ③

죽은 듯이~
보였는데 드디어 깨어났어!

☺ 죽은 ⇨ 데-드

949	감히~하다

① ② ③ ④ ⑤

950	용감무쌍하게

① ② ③ ④ ⑤

951	어두워지다

① ② ③ ④ ⑤

952	던지다

① ② ③ ④ ⑤

953	돌진하다

① ② ③ ④ ⑤

954	날짜

① ② ③ ④ ⑤

955	새벽

① ② ③ ④ ⑤

956	새벽녘

① ② ③ ④ ⑤

957	백일몽

① ② ③ ④ ⑤

958	현혹시키다

① ② ③ ④ ⑤

959	눈부시게 하다

① ② ③ ④ ⑤

960	죽은

① ② ③ ④ ⑤

949	**dare** [dɛər]	① ② ③ ④		감히~하다, 무릅쓰다	① ② ③ ④
950	**daring** [dɛ́əriŋ]	① ② ③ ④		대담한, 용감무쌍하게	① ② ③ ④
951	**darken** [dɑ́ːrkən]	① ② ③ ④		어두워지다, 어둡게 하다, 거뭇해지다, 흐려지다	① ② ③ ④
952	**dart** [dɑːrt]	① ② ③ ④		돌진하다, 던지다, 던지는 화살, 급격한 돌진	① ② ③ ④
953	**dash** [dæʃ]	① ② ③ ④		돌진하다, 내동댕이치다, 돌진	① ② ③ ④
954	**date** [deit]	① ② ③ ④		날짜, 연대, 시대, 만날 약속	① ② ③ ④
955	**dawn** [dɔːn]	① ② ③ ④		새벽, 날이 새다	① ② ③ ④
956	**daybreak** [déibrèik]	① ② ③ ④		새벽녘	① ② ③ ④
957	**daydream** [déidrìːm]	① ② ③ ④		백일몽, 공상	① ② ③ ④
958	**daze** [deiz]	① ② ③ ④		현혹시키다	① ② ③ ④
959	**dazzle** [dæzl]	① ② ③ ④		눈부시게 하다, 현혹(시키다), 압도하다	① ② ③ ④
960	**dead** [de(ː)d]	① ② ③ ④		죽은, 죽은듯한, 생기 없는	① ② ③ ④

✓ STEP 1

961 ① ② ③

유통기한이
지났는데도 라임 주스 맛이 괜찮네.

☺ 기한 ⇨ 데드라인

962 ① ② ③

햇살에 **심하게**
데어서 아름드리나무 그늘에서 쉬는
여행객.

☺ 심하게 ⇨ 데들리

963 ① ② ③

귀머거리인 사람은
대포 소리도 듣지 못해.

☺ 귀머거리의 ⇨ 데프

964 ① ② ③

불을 잘 **다루지** 않으면 손을
디일 수 있어.

☺ 다루다 ⇨ 디일

965 ① ② ③

끌려 나가는 **상인**은
카지노 딜러.

☺ 상인 ⇨ 딜럴

966 ① ② ③

친구와 무슨 **토론하니?**
저 배 뒤에 또 배 있는지.

☺ 토론하다 ⇨ 디베이트

967 ① ② ③

설마 과자 **부스러기**가 책상 다~
덮으리?

☺ 부스러기 ⇨ 더브리-

968 ① ② ③

빚 독촉~
하는데 트림이 나네.

☺ 빚 ⇨ 데트

969 ① ② ③

저기 봐! 오늘 **첫 등장** 하는 가수~
데뷔 무대야.

☺ 첫 등장 ⇨ 데뷰

970 ① ② ③

10년이?
지났는데 왜 이렇게 이들은 변함이
없는지 모르겠어.

☺ 10년 ⇨ 데케이드

971 ① ② ③

부패한 음식을?
먹은 뒤, 케이(인명)는 결국 병원에
입원했어.

☺ 부패하다 ⇨ 디케이

972 ① ② ③

친구를 **배반하는** 행동은?
잘나가는 친구 뒤에서 시비 거는
행동.

☺ 배반하다 ⇨ 디시-브

961	기한	962	심하게	963	귀머거리의

① ② ③ ④ ⑤

① ② ③ ④ ⑤

① ② ③ ④ ⑤

964	다루다	965	상인	966	토론하다

① ② ③ ④ ⑤

① ② ③ ④ ⑤

① ② ③ ④ ⑤

967	부스러기	968	빚	969	첫 등장

① ② ③ ④ ⑤

① ② ③ ④ ⑤

① ② ③ ④ ⑤

970	10년	971	부패하다	972	배반하다

① ② ③ ④ ⑤

① ② ③ ④ ⑤

① ② ③ ④ ⑤

961	**deadline** [de(:)dlàin]	① ② ③ ④		경계선, 기한	① ② ③ ④
962	**deadly** [de(:)dli]	① ② ③ ④		심하게, 치명적인	① ② ③ ④
963	**deaf** [def]	① ② ③ ④		귀머거리의, 듣지 않는	① ② ③ ④
964	**deal** [di:l]	① ② ③ ④		분배하다, 다루다, 장사하다	① ② ③ ④
965	**dealer** [dí:lər]	① ② ③ ④		상인, 딜러	① ② ③ ④
966	**debate** [dibéit]	① ② ③ ④		토론하다, 토론, 토의	① ② ③ ④
967	**debris** [dəbrí:]	① ② ③ ④		부스러기, 파편	① ② ③ ④
968	**debt** [det]	① ② ③ ④		빚, 부채, 의리, 은혜	① ② ③ ④
969	**debut** [débju]	① ② ③ ④		데뷔, 시작, 첫 등장	① ② ③ ④
970	**decade** [dékeid]	① ② ③ ④		10년	① ② ③ ④
971	**decay** [dikéi]	① ② ③ ④		부패하다, 쇠퇴하다, 부패, 부식	① ② ③ ④
972	**deceive** [disí:v]	① ② ③ ④		속이다, 배반하다	① ② ③ ④

✓ STEP 1

---

973 ① ② ③

예의바르게?
단상 뒤에 선 듯하네.

☺ 예의바르게 ⇨ 디-선트

---

974 ① ② ③

급히 해결하기 위해?
건물 뒤와 차 사이드 사이로
뛰어갔어.

☺ 해결하기 ⇨ 디사이드

---

975 ① ② ③

소수점이
있는데서 뭘 그렇게 생각해?

☺ 소수 ⇨ 데시멀

---

976 ① ② ③

배 바닥이 먼가?
부딪혔는데 크기로 봐선 고래 같애.

☺ 바닥 ⇨ 덱

---

977 ① ② ③

아이는 뭘 선언했니?
이제부터 우유를 많이 마셔 뒤에 있는
애보다 클래요.

☺ 선언하다 ⇨ 디클레얼

---

978 ① ② ③

그 회사 수익이 왜 감소했어?
대기업이 더 큰 제품라인 출시했대.

☺ 감소하다 ⇨ 디클라인

---

979 ① ② ③

무엇을 해독했니?
뒤집혀 있는 바코드.

☺ 해독하다 ⇨ 디-코우드

---

980 ① ② ③

잘 꾸며져 있네?
대궐에서 하는 파티라 그래.

☺ 꾸미다 ⇨ 데커레이트

---

981 ① ② ③

친구들이 점점 줄어드는 이유는?
쟤는 뒤 끝 있어서 그래.

☺ 줄다 ⇨ 디-크리-스

---

982 ① ② ③

전쟁 포고
뒤, 크리스마스네.

☺ 포고 ⇨ 데크-리

---

983 ① ② ③

헌신적인 엄마는 나와
대디(daddy)와 함께 몸이 불편한
케이트 씨 댁에 방문해.

☺ 헌신하다 ⇨ 데디케이트

---

984 ① ② ③

뭘 추론해 볼까?
활발한 활동 뒤 듀스가 왜
해체되었는지.

☺ 추론하다 ⇨ 디듀-스

973 예의바른	974 해결하다	975 소수(의)
① ② ③ ④ ⑤	① ② ③ ④ ⑤	① ② ③ ④ ⑤

976 바닥	977 선언하다	978 감소하다
① ② ③ ④ ⑤	① ② ③ ④ ⑤	① ② ③ ④ ⑤

979 해독하다	980 꾸미다	981 줄다
① ② ③ ④ ⑤	① ② ③ ④ ⑤	① ② ③ ④ ⑤

982 포고	983 헌신하다	984 추론하다
① ② ③ ④ ⑤	① ② ③ ④ ⑤	① ② ③ ④ ⑤

973	decent [di:sənt]	① ② ③ ④		버젓한, 예의 바른, 어지간한	① ② ③ ④
974	decide [disáid]	① ② ③ ④		결정하다, 해결하다	① ② ③ ④
975	decimal [désiməl]	① ② ③ ④		십진법, 소수(의)	① ② ③ ④
976	deck [dek]	① ② ③ ④		갑판, 바닥	① ② ③ ④
977	declare [diklɛ́ər]	① ② ③ ④		선언하다, 신고하다	① ② ③ ④
978	decline [dikláin]	① ② ③ ④		쇠퇴하다, 감소하다, (정중하게)거절하다, 감소, 쇠퇴	① ② ③ ④
979	decode [di:kóud]	① ② ③ ④		해독하다	① ② ③ ④
980	decorate [dékəréit]	① ② ③ ④		꾸미다, 훈장을 주다	① ② ③ ④
981	decrease [dikrí:s]	① ② ③ ④		줄다, 감소, 감퇴	① ② ③ ④
982	decree [dikrí]	① ② ③ ④		법령, 포고	① ② ③ ④
983	dedicate [dédikèit]	① ② ③ ④		헌신(전념)하다	① ② ③ ④
984	deduce [didjú:s]	① ② ③ ④		추론하다, 연역하다	① ② ③ ④

✓ STEP 1

985 ① ② ③	986 ① ② ③	987 ① ② ③
		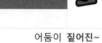
컴퓨터가 **실행**돼? 응, CD를 끼운 뒤 드디어 실행되네. ☺ 실행 ⇨ 디-드	내가 만든 것으로 **생각하는** 음식은? 엄마가 싸 주신 이 딤섬(만두). ☺ ~로 생각하다 ⇨ 디임	어둠이 **짙어진**~ 뒤, 아픈 다리가 더 아프네. ☺ 짙어지다 ⇨ 디-픈

988 ① ② ③	989 ① ② ③	990 ① ② ③
		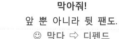
싸움에서 **패배**한 것도 서러운데~ 머리 뒤에 피까지 났어. ☺ 패배 ⇨ 디피-트	**결점**을~ 고친 뒤 연주는 퍼펙트 해 졌어. ☺ 결점 ⇨ 디펙트	**막아줘!** 앞 뿐 아니라 뒷 팬도. ☺ 막다 ⇨ 디펜드

991 ① ② ③	992 ① ② ③	993 ① ② ③
법정에서 진술하는 **피고**~ 뒤, 여자의 펜던트가 반짝여. ☺ 피고(의) ⇨ 디펜던트	**방어** 잘 해! 뒤에서 팰 수 있으니. ☺ 방어 ⇨ 디펜스	지능이 **부족**한 범인은~ 도피가 시원치 않아. ☺ 부족 ⇨ 디피션시

994 ① ② ③	995 ① ② ③	996 ① ② ③
접이식 의자를 필 앞쪽 공간이 **부족하자?** 뒤 자리 더 피셔~ 하고 외치네. ☺ 부족한 ⇨ 디피션트	회사 **적자**를~ 이야기하는데 피식! 웃어버렸어. ☺ 적자 ⇨ 데피시트	날라리라고 멋대로 **규정지**은 사람은? 뒤가 파인 옷을 입은 사람. ☺ 규정짓다 ⇨ 디파인

985 실행	986 ~로 생각하다	987 짙어지다
 ① ② ③ ④ ⑤	 ① ② ③ ④ ⑤	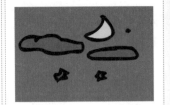 ① ② ③ ④ ⑤

988 패배	989 결점	990 막다
 ① ② ③ ④ ⑤	 ① ② ③ ④ ⑤	 ① ② ③ ④ ⑤

991 피고(의)	992 방어	993 부족
 ① ② ③ ④ ⑤	 ① ② ③ ④ ⑤	 ① ② ③ ④ ⑤

994 부족한	995 적자	996 규정짓다
 ① ② ③ ④ ⑤	 ① ② ③ ④ ⑤	 ① ② ③ ④ ⑤

985	**deed** [di:d]	① ② ③ ④		행위, 실행	① ② ③ ④
986	**deem** [di:m]	① ② ③ ④		~로 생각하다, 간주하다	① ② ③ ④
987	**deepen** [dí:pn]	① ② ③ ④		깊게 하다, 짙어지다	① ② ③ ④
988	**defeat** [difí:t]	① ② ③ ④		이기다, 패배시키다, 패배	① ② ③ ④
989	**defect** [difékt]	① ② ③ ④		결점, 결함, 단점	① ② ③ ④
990	**defend** [difénd]	① ② ③ ④		막다, 지키다	① ② ③ ④
991	**defendant** [diféndənt]	① ② ③ ④		피고(의)	① ② ③ ④
992	**defense** [diféns]	① ② ③ ④		방위, 방어, 옹호자 펜스(담장) 뒤에서 방어하다	① ② ③ ④
993	**deficiency** [difíʃənsi]	① ② ③ ④		결핍, 부족	① ② ③ ④
994	**deficient** [difíʃənt]	① ② ③ ④		부족한, 불충분한, 결함 있는	① ② ③ ④
995	**deficit** [défisit]	① ② ③ ④		적자, 결손, 부족	① ② ③ ④
996	**define** [difáin]	① ② ③ ④		규정짓다, 정의를 내리다	① ② ③ ④

991 펜던트(pendant) : 가운데에 보석으로 된 장식을 달아 가슴에 늘어뜨리게 된 목걸이

✓ STEP 1

997　① ② ③

정말 이것이 **명확하게~**
돼지 피니?

☺ 명확한 ⇨ 데피니트

998　① ② ③

틀림없이 내가~
봤는데, 티파니 그 트리 밑에
서있었어.

☺ 틀림없이 ⇨ 데피너틀리

999　① ② ③

번호가 **명확한** 거니?
명확한데 폰에선 "없는
번호입니다~"라고 하네.

☺ 정의, 명확 ⇨ 데피니션

1000　① ② ③

그는 **불구가~**
된 뒤, 펀드 투자로 돈을 벌었어.

☺ 불구의 ⇨ 디포-옴드

1001　① ② ③

견습생은 어디에 **도전하고 있니?**
요리사 뒤에서 애플파이 만들기에.

☺ 도전하다 ⇨ 디파이

1002　① ② ③

저 사람이 예전보다 디자인이 **나빠진~**
디자이너래~ 이 특이한 옷을 누가
입겠어.

☺ 나빠지다 ⇨ 디제너레이트

1003　① ② ③

내가 너 **타락시키는** 것 같잖아~
니 그래두 돼?

☺ 타락시키다 ⇨ 디그레이드

1004　① ② ③

학위는 따야할 것 아냐!
너 성적 디(D) 만 그릴래?

☺ 학위 ⇨ 디그리-

1005　① ② ③

비인간적이었던 사람이~
감옥 갔다 온 뒤, 유머가
나이스해졌어.

☺ 비인간화하다 ⇨ 디-휴-머나이즈

1006　① ② ③

오징어를 **건조시키고** 어떻게 하지?
그런 뒤 아이들에게 "이틀만
기다려~"라고 해.

☺ 건조시키다 ⇨ 디-하이드레이트

1007　① ② ③

늦게 일어나 회사 출근 시간이
늦어졌지?
그래서 빨리 뛸래!

☺ 늦어지다, 미루다 ⇨ 딜레이

1008　① ② ③

대의원이 어디로 나갔어?
델리행 게이트로 나갔어.

☺ 대표자, 대의원 ⇨ 델리게잇

997 명확한	998 틀림없이	999 정의, 명확
① ② ③ ④ ⑤	① ② ③ ④ ⑤	① ② ③ ④ ⑤

1000 불구의	1001 도전하다	1002 나빠지다
① ② ③ ④ ⑤	① ② ③ ④ ⑤	① ② ③ ④ ⑤

1003 타락시키다	1004 학위	1005 비인간화하다
① ② ③ ④ ⑤	① ② ③ ④ ⑤	① ② ③ ④ ⑤

1006 건조시키다	1007 늦어지다, 미루다	1008 대표자, 대의원
① ② ③ ④ ⑤	① ② ③ ④ ⑤	① ② ③ ④ ⑤

997	**definite** [définət]	① ② ③ ④		명확한, 일정한, 한정된	① ② ③ ④
998	**definitely** [définətli]	① ② ③ ④		명확히, 틀림없이	① ② ③ ④
999	**definition** [dèfiníʃən]	① ② ③ ④		한정, 명확, 정의	① ② ③ ④
1000	**deformed** [difɔ́:rmd]	① ② ③ ④		볼품없는, 불구의, 변형된	① ② ③ ④
1001	**defy** [difái]	① ② ③ ④		~에 도전하다, 문제 삼지 않다	① ② ③ ④
1002	**degenerate** [didʒénərèit]	① ② ③ ④		나빠지다, 쇠퇴하다	① ② ③ ④
1003	**degrade** [digréid]	① ② ③ ④		지위를 낮추다, 타락시키다	① ② ③ ④
1004	**degree** [digrí:]	① ② ③ ④		정도, 도, 학위	① ② ③ ④
1005	**dehumanize** [di:hjú:mənàiz]	① ② ③ ④		비인간화하다,~인간 성을 빼앗다	① ② ③ ④
1006	**dehydrate** [di:háidreit]	① ② ③ ④		탈수하다, 건조시키다	① ② ③ ④
1007	**delay** [diléi]	① ② ③ ④		vt. ① 미루다, 연기하다 ② ~을 늦추다, 지체하게 하다.*vi. 늦어지다, 지체하다[지연, 지체]	① ② ③ ④
1008	**delegate** [déligeit]	① ② ③ ④		대표자, 대의원	① ② ③ ④

✓ STEP 1

1009 ① ② ③

삭제한 파일을 누가 복구했어?
딜러(dealer)가 복구했어.

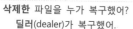
☺ 삭제하다 ⇨ 딜리-트

1010 ① ② ③

신중한 계획을 세우네?
멜리에서 버라이어티 쇼를 하려고...

☺ 신중한 ⇨ 딜리버레이트

1011 ① ② ③

신중하게 보낸~
딜리버리(배달물)가 트리 밑에
놓여있어 황당했어.

☺ 신중하게, 고의로 ⇨ 딜리버틀리

1012 ① ② ③

우아한 그녀에게~
소리가 들리게 키스~를 보냈어.

☺ 우아한 ⇨ 델리커트

1013 ① ② ③

매우 **기뻐하며** 노래를 부르던데?
뒤 라이트가 멋지게 빛나서 흥이 나서
그래.

☺ 기뻐하다 ⇨ 딜라이트

1014 ① ② ③

국회의원 **체납금**에 대한 논의는 하고 있니?
단상 뒤에서 **링컨** 대통령과 시장이
하고 있어.

☺ 체납 ⇨ 딜링퀀시

1015 ① ② ③

내가 시킨 **배달**을 거부하다니!
니가 **리버**(liver,간)가 부었구나?

☺ 배달하다 ⇨ 딜리벌

1016 ① ② ③

너도 남자 친구에게 지갑 만들어
달라고 **요구해**~
지금 말고 뒤에 맨들(만들)어 달라고 할거야.

☺ 요구하다 ⇨ 디맨드

1017 ① ② ③

민주주의 선언 뒤 마크는 어디 갔어?
선언 뒤 마크는 러시아로 이민 갔어.

☺ 민주주의 ⇨ 디마크러시

1018 ① ② ③

국가를 **민주화하고**~
그 뒤, 혼란을 막으러 타이즈만 입고
뛰어나가는 군인.

☺ 민주화하다 ⇨ 디마크러타이즈

1019 ① ② ③

꽃을 누가 **파괴했니**?
노상 방뇨하는 친구를 뒤에서
말렸는데 쉬~하고 꽃에다 싸 버렸어.

☺ 파괴하다 ⇨ 디말리쉬

1020 ① ② ③

네 머리카락은 생머리라고 **증명했잖아**~
그런데 먼(무슨) 스트레이트 파마를
한다고 그러니?

☺ 증명하다 ⇨ 데먼스트레이트

1009 삭제하다	1010 신중한	1011 신중하게, 고의로

① ② ③ ④ ⑤	① ② ③ ④ ⑤	① ② ③ ④ ⑤

1012 우아한	1013 기뻐하다	1014 체납

① ② ③ ④ ⑤	① ② ③ ④ ⑤	① ② ③ ④ ⑤

1015 배달하다	1016 요구하다	1017 민주주의

① ② ③ ④ ⑤	① ② ③ ④ ⑤	① ② ③ ④ ⑤

1018 민주화하다	1019 파괴하다	1020 증명하다

① ② ③ ④ ⑤	① ② ③ ④ ⑤	① ② ③ ④ ⑤

No.	Word	① ② ③ ④		Meaning	① ② ③ ④
1009	delete [dilíːt]	① ② ③ ④		지우다, 삭제하다	① ② ③ ④
1010	deliberate [dilíbərit]	① ② ③ ④		계획적인, 신중한	① ② ③ ④
1011	deliberately [dilíbərətli]	① ② ③ ④		신중하게, 고의로, 일부러	① ② ③ ④
1012	delicate [délikət]	① ② ③ ④		허약한, 정교한, 미묘한, 우아한	① ② ③ ④
1013	delight [diláit]	① ② ③ ④		기쁘게 하다, 기뻐하다, 기쁨(을 주는 것)	① ② ③ ④
1014	delinquency [dilíŋkwənsi]	① ② ③ ④		의무불이행, 체납, 연체	① ② ③ ④
1015	deliver [dilívər]	① ② ③ ④		① 인도하다, 교부하다 ② (물품·편지를) 배달[송달]하다.	① ② ③ ④
1016	demand [dimǽnd]	① ② ③ ④		요구하다, 필요로 하다, 요구, 수요	① ② ③ ④
1017	democracy [dimάkrəsi]	① ② ③ ④		민주주의	① ② ③ ④
1018	democratize [dimάkrətàiz]	① ② ③ ④		민주화하다	① ② ③ ④
1019	demolish [dimάliʃ]	① ② ③ ④		부수다, 파괴하다	① ② ③ ④
1020	demonstrate [démənstréit]	① ② ③ ④		증명하다, 논증하다, 시위운동을 하다, 데모를 하다	① ② ③ ④

1010 variety[vəráiəti] : 가지각색의 것, 변화, 다양(성)

✓ STEP 1

1021 ① ② ③

데모는 무엇의 준말이야?
데먼스트레이션의 약자야.
☺ 시범, 데모 ⇨ 데먼스트레이션

1022 ① ② ③

빽빽한 지하철 안에서 뭘 해?
댄스를 추네.
☺ 빽빽한 ⇨ 덴스

1023 ① ② ③

비중 있는 저 뮤지컬 배우~
제법 댄서 티가 나네.
☺ 밀도, 비중 ⇨ 덴서티

1024 ① ② ③

그 치과의사가~
있는 덴, 어디나 티끌하나 없어야
해서 간호사가 스트레스 받아.

☺ 치과의사 ⇨ 덴티스트

1025 ① ② ③

톱스타가 나이를 부인해서 화제가
되었다며?
응, 뒤로 나이를 속였어.

☺ 부인하다 ⇨ 디나이

1026 ① ② ③

진흙에 빠진 차가 무사히 벗어날 수
있을까?
저번에 차바퀴 뒤를 팠더니 쉽게
벗어나던데.
☺ 벗어나다 ⇨ 디파알트

1027 ① ② ③

경리부소속~
뒤에 앉은 팔트먼 씨는 정말 꼼꼼해.
☺ 부, 부문 ⇨ 디팔-트먼트

1028 ① ② ③

출발한 비행기
뒤를 파헤쳐 가방을 찾았어.
☺ 출발 ⇨ 디팔철

1029 ① ② ③

네가 의지하는 것은?
내 뒤에 있는 팬들.
☺ 의지하다 ⇨ 디펜드

1030 ① ② ③

언제나 신뢰할 수 있는 것은?
저 뒤에 있는 팬더의 불기둥 뛰어넘는
재주.
☺ 신뢰할 수 있는 ⇨ 디펜더블

1031 ① ② ③

물질에 의해 좌우되는
트로피 뒤 팬던트의 무게.
☺ 좌우되는 ⇨ 디펜던트

1032 ① ② ③

자신을 가장 잘 표현할 수 있는
매개체는?
디카로 찍는 픽쳐(사진).
☺ 표현하다 ⇨ 디픽트

1021	시범, 데모

① ② ③ ④ ⑤

1022	빽빽한

① ② ③ ④ ⑤

1023	밀도, 비중

① ② ③ ④ ⑤

1024	치과의사

① ② ③ ④ ⑤

1025	부인하다

① ② ③ ④ ⑤

1026	벗어나다

① ② ③ ④ ⑤

1027	부, 부문

① ② ③ ④ ⑤

1028	출발

① ② ③ ④ ⑤

1029	의지하다

① ② ③ ④ ⑤

1030	신뢰할 수 있는

① ② ③ ④ ⑤

1031	좌우되는

① ② ③ ④ ⑤

1032	표현하다

① ② ③ ④ ⑤

		①	②			①	②
1021	**demonstration** [dèmənstréiʃən]	③	④		증명, 시범, 데모	③	④
1022	**dense** [dens]	①	②		조밀한, 빽빽한	①	②
		③	④			③	④
1023	**density** [dénsəti]	①	②		(조)밀도, 비중, 농도	①	②
		③	④			③	④
1024	**dentist** [déntist]	①	②		치과의사	①	②
		③	④			③	④
1025	**deny** [dinái]	①	②		부인하다, 취소하다, 물리치다	①	②
		③	④			③	④
1026	**depart** [dipá:rt]	①	②		출발하다, 벗어나다	①	②
		③	④			③	④
1027	**department** [dipá:rtmənt]	①	②		부, 부문, 과	①	②
		③	④			③	④
1028	**departure** [dipá:rtʃər]	①	②		출발, 이탈	①	②
		③	④			③	④
1029	**depend** [dipénd]	①	②		의지하다, 신뢰하다, ~에 달려 있다	①	②
		③	④			③	④
1030	**dependable** [dipéndəbl]	①	②		신뢰할 수 있는, 의존할 수 있는	①	②
		③	④			③	④
1031	**dependent** [dipéndənt]	①	②		좌우되는, 의지하고 있는, 의존하는	①	②
		③	④			③	④
1032	**depict** [dipikt]	①	②		그리다, 표현하다	①	②
		③	④			③	④

✓ STEP 1

1033 ① ② ③

모든 소음을 **감소시키는** 소리는?
피아노 뒤 플루트 소리.

☺ 소모시키다 ⇨ 디플리-트

1034 ① ② ③

유감스러운 사건 뒤 어떻게 됐어?
그 사건 뒤 플로리다의 러블리한
곳으로 갔어.

☺ 유감스러운 ⇨ 디플로-러블

1035 ① ② ③

지휘자는 연주 후 **한탄하며** 어디로
사라졌어?
한탄한 뒤, 플로어(무대) 뒤로 사라졌어.

☺ 한탄하다 ⇨ 디플로얼

1036 ① ② ③

넌 돈만 생기면 **예금하네?**
응, 뒷주머니에 돈을 넣고 다니면
빠질 듯해서 잃어버릴 수 있잖아.

☺ 예금하다 ⇨ 디파질

1037 ① ② ③

화폐가치가 떨어지자 회사에선
회식 뒤풀이 시 지원을 해주지 않기로
했어.

☺ 가치하락 ⇨ 디프리-쉬에이션

1038 ① ② ③

사냥감을 놓쳐 **우울해진** 사자는
바위 뒤 풀에서 주저앉았어.

☺ 우울하게하다 ⇨ 디프레스

1039 ① ② ③

의기소침해진 그는 짐을
다 풀어선 주저앉고 말았어.

☺ 의기소침 ⇨ 디프레션

1040 ① ② ③

내가 **뺏는다!**
니가 계란프라이를 안하면.

☺ 빼앗다 ⇨ 디프라이브

1041 ① ② ③

관심을 **얻기** 위해 어떻게 해?
무대 뒤에서 라이브 연습을 하면 돼.

☺ 얻다 ⇨ 디라이브

1042 ① ② ③

좀 **내려줘!**
냉장고 뒤 샌드위치 바구니.

☺ 내려가다 ⇨ 디센드

1043 ① ② ③

마지막 **자손**에 의해~
담 뒤로 세게 던져진 후 탁! 깨진
거울.

☺ 자손 ⇨ 디센던트

1044 ① ② ③

80년대 음악을 **묘사할** 때~
커다란 디스크판과 라이브를 빼면 안
돼지.

☺ 묘사하다 ⇨ 디스크라이브

1033 소모시키다	1034 유감스러운	1035 한탄하다

① ② ③ ④ ⑤

① ② ③ ④ ⑤

① ② ③ ④ ⑤

1036 예금하다	1037 가치하락	1038 우울하게하다

① ② ③ ④ ⑤

① ② ③ ④ ⑤

① ② ③ ④ ⑤

1039 의기소침	1040 빼앗다	1041 얻다

① ② ③ ④ ⑤

① ② ③ ④ ⑤

① ② ③ ④ ⑤

1042 내려가다	1043 자손	1044 묘사하다

① ② ③ ④ ⑤

① ② ③ ④ ⑤

① ② ③ ④ ⑤

1033	**deplete** [diplí:t]	① ② ③ ④		감소시키다, 소모시키다	① ② ③ ④
1034	**deplorable** [diplɔ́:rəbl]	① ② ③ ④		통탄스러운, 유감스러운	① ② ③ ④
1035	**deplore** [diplɔ́:r]	① ② ③ ④		한탄하다, 유감으로 여기다	① ② ③ ④
1036	**deposit** [dipázit]	① ② ③ ④		예금하다, 맡기다, 퇴적시키다, 예치, 예금	① ② ③ ④
1037	**depreciation** [diprí:ʃiéIʃən]	① ② ③ ④		가치하락, 화폐의 구매력 저하	① ② ③ ④
1038	**depress** [diprés]	① ② ③ ④		우울하게하다, 풀이 죽게 하다, 떨어뜨리다	① ② ③ ④
1039	**depression** [dipréʃən]	① ② ③ ④		의기소침, 불황	① ② ③ ④
1040	**deprive** [dipráiv]	① ② ③ ④		빼앗다, 박탈하다	① ② ③ ④
1041	**derive** [diráiv]	① ② ③ ④		끌어내다, 얻다, 유래하다	① ② ③ ④
1042	**descend** [disénd]	① ② ③ ④		내려가다, 내리다, 전해지다	① ② ③ ④
1043	**descendant** [diséndənt]	① ② ③ ④		자손, 후예	① ② ③ ④
1044	**describe** [diskráib]	① ② ③ ④		기술하다, 묘사하다	① ② ③ ④

✓ STEP 1

1045 ① ② ③

사막에서 뭐 먹어?
디저트(dessert).
☺ 사막 ⇨ 데절-트

1046 ① ② ③

그 교수는 얼마나 **가치가 있어?**
뒤를 잡고 붙잡을 정도로.
☺ ~의 가치가 있다 ⇨ 디절-브

1047 ① ② ③

이 도시를 어떻게 **설계했어?**
내가 한 디자인이 했어.
☺ 설계하다 ⇨ 디자인

1048 ① ② ③

지명된 프로젝트를~
어떤 디자인으로 할지 네이트온에서
얘기하자.
☺ 지명된 ⇨ 데지그네이트

1049 ① ② ③

마음에 드는
디자이너의 옷은 어떠한 불상사가
있어도 구입해.
☺ 마음에 드는 ⇨ 디자이어러블

1050 ① ② ③

내가 늘 **바라는** 건
저 디자이너 옷.

☺ 바라다 ⇨ 디자이얼

1051 ① ② ③

원하는 디자인을 하려면
많은 디자이너들의 작품이 실린
일러스트집을 참고해.
☺ 원하는 ⇨ 디자이어러스

1052 ① ② ③

황량한 언덕에~
대설(大雪)이 내리는데 리트머스
종이로 뭐하니?
☺ 황량한 ⇨ 데설리트

1053 ① ② ③

절망적인 상황이야~
차 뒤에 스페어 타이어도 없어.

☺ 절망 ⇨ 디스페얼

1054 ① ② ③

이 **절망적인** 상황에서 어쩌겠어?
됐어, 퍼래도(파랗지만) 먹어야지.
☺ 절망적인 ⇨ 데스퍼리트

1055 ① ② ③

내가 **경멸하는** 사람은?
남 뒤에서 스파이 짓 하는 놈이야.
☺ 경멸하다 ⇨ 디스파이즈

1056 ① ② ③

후식은 뭘 먹을까?
난 디저트로 커피.
☺ 후식 ⇨ 디절-트

1045 사막	1046 ~의 가치가 있다	1047 설계하다

① ② ③ ④ ⑤	① ② ③ ④ ⑤	① ② ③ ④ ⑤
1048 지명된	1049 마음에 드는	1050 바라다

① ② ③ ④ ⑤	① ② ③ ④ ⑤	① ② ③ ④ ⑤
1051 원하는	1052 황량한	1053 절망

① ② ③ ④ ⑤	① ② ③ ④ ⑤	① ② ③ ④ ⑤
1054 절망적인	1055 경멸하다	1056 후식

① ② ③ ④ ⑤	① ② ③ ④ ⑤	① ② ③ ④ ⑤

1045	**desert** [dezə́:rt]	① ② ③ ④		사막, 불모지, 버리다, 탈주하다	① ② ③ ④
1046	**deserve** [dizə́:rv]	① ② ③ ④		~할 만하다, ~의 가치가 있다	① ② ③ ④
1047	**design** [dizáin]	① ② ③ ④		설계하다, 계획하다, 디자인	① ② ③ ④
1048	**designate** [dézignèit]	① ② ③ ④		가리키다, 명명하다, 지명된	① ② ③ ④
1049	**desirable** [dizáiərəbəl]	① ② ③ ④		바람직한, 마음에 드는	① ② ③ ④
1050	**desire** [dizáiər]	① ② ③ ④		바라다, 욕구하다	① ② ③ ④
1051	**desirous** [dizáiərəs]	① ② ③ ④		바라고 있는, 원하는	① ② ③ ④
1052	**desolate** [désəlit]	① ② ③ ④		황량한, 적막한, 쓸쓸한	① ② ③ ④
1053	**despair** [dispέər]	① ② ③ ④		절망, 절망하다	① ② ③ ④
1054	**desperate** [déspərit]	① ② ③ ④		자포자기의, 필사적인, 절망적인	① ② ③ ④
1055	**despise** [dispáiz]	① ② ③ ④		경멸하다, 싫어하다	① ② ③ ④
1056	**dessert** [dizə́:rt]	① ② ③ ④		디저트, 후식	① ② ③ ④

✓ STEP 1

1057 ① ② ③	1058 ① ② ③	1059 ① ② ③
이 기차 **목적지**는? 대구 스테이션(station/역). ☺ 목적지 ⇨ 데스티네이션	그녀의 **운명**을 바꾸어 놓은 건? '데스티니 차일드(그룹이름)'에 뽑힌 것. ☺ 운명 ⇨ 데스티니	**궁핍한** 사람조차도? '됐어! 이 두터운 티는 필요 없어!' ☺ 궁핍한 ⇨ 데스터튜우트

1060 ① ② ③	1061 ① ② ③	1062 ① ② ③
무엇이 **파괴되었어**? 디스(this), 이 사람 때문에 트로이 목마가. ☺ 파괴하다 ⇨ 디스트로이	머리 묶은 부분을 **분리해서** 잘라 주세요. 뒷부분 이미 뗏지... ☺ 분리하다 ⇨ 디태치	그림을 **상세**하게 그리기 위해~ 고양이 뒤 테일(tail-꼬리)을 관찰했어. ☺ 상세 ⇨ 디-테일

1063 ① ② ③	1064 ① ② ③	1065 ① ② ③
뭘 **발견하고** 화가 난거야? 새로 산 옷 뒤의 택(tag)이 뜯어져 있어서. ☺ 발견하다 ⇨ 디텍트	**탐정**은 현장 조사 중에 소파 뒤 책을 티브위에 올렸어. ☺ 탐정 ⇨ 디텍티브	행사에서 왜 **제지했어**? 행사장 뒤 터가 맘에 들지 않아서. ☺ 제지하다 ⇨ 디터얼

1066 ① ② ③	1067 ① ② ③	1068 ① ② ③

늦게 오면 연극 팀웍을 **약화시키는** 걸 아니? 식사 뒤에 티셔츠에 얼룩이 어리어 세탁하느라 래잇(late/늦게)하게 되었습니다. ☺ 약화시키다 ⇨ 디티어리어레이트	앞으로 학교에서 강하게 살기로 **결심했다며**? 응, 뒤에서 떠민 얘들을 찾아가 얘기할 거야. ☺ 결심하다 ⇨ 디털-민	너 왜 그렇게 **몹시 싫어하니**? 시험 뒤에 또 테스트 있대. ☺ 몹시 싫어하다 ⇨ 디테스트

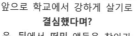

1057	목적지

① ② ③ ④ ⑤

1058	운명

① ② ③ ④ ⑤

1059	궁핍한

① ② ③ ④ ⑤

1060	파괴하다

① ② ③ ④ ⑤

1061	분리하다

① ② ③ ④ ⑤

1062	상세

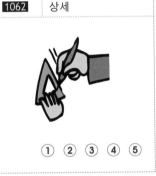

① ② ③ ④ ⑤

1063	발견하다

① ② ③ ④ ⑤

1064	탐정

① ② ③ ④ ⑤

1065	제지하다

① ② ③ ④ ⑤

1066	약화시키다

① ② ③ ④ ⑤

1067	결심하다

① ② ③ ④ ⑤

1068	몹시 싫어하다

① ② ③ ④ ⑤

1057	destination [dèstinéiʃən]	① ② ③ ④		목적지, 의도	① ② ③ ④
1058	destiny [déstini]	① ② ③ ④		운명, 숙명, 신의 뜻	① ② ③ ④
1059	destitute [déstətjùːt]	① ② ③ ④		궁핍한, 없는	① ② ③ ④
1060	destroy [distrɔ́i]	① ② ③ ④		파괴하다, 망치다	① ② ③ ④
1061	detach [ditǽtʃ]	① ② ③ ④		분리하다, 떼다	① ② ③ ④
1062	detail [ditéil]	① ② ③ ④		세부사항, 상세, 상술하다	① ② ③ ④
1063	detect [ditékt]	① ② ③ ④		발견하다, 간파하다	① ② ③ ④
1064	detective [ditéktiv]	① ② ③ ④		탐정의, 검출용의, 탐정, 형사	① ② ③ ④
1065	deter [ditə́ːr]	① ② ③ ④		제지하다, 방지하다	① ② ③ ④
1066	deteriorate [ditíəriərèit]	① ② ③ ④		약화시키다, 타락시키다	① ② ③ ④
1067	determine [ditə́ːrmin]	① ② ③ ④		결심하다, 결정하다	① ② ③ ④
1068	detest [ditést]	① ② ③ ④		혐오하다, 몹시 싫어하다	① ② ③ ④

✓ STEP 1

1069 ① ② ③

누가 버스를 **파괴**했어?
남자가 버스에 탄 뒤, 버스에서
데이트하던 커플을 보고 열 받았대.
☺ 파괴하다 ⇨ 데버스테이트

1070 ① ② ③

뭘 **개발**하니?
뒤에 벨이 달린 로프.

☺ 개발하다 ⇨ 디벨럽

1071 ① ② ③

용돈 **계획**을 잘 짜서 꼭?
리바이스 청바지 사야지!

☺ 장치, 계획 ⇨ 디바이스

1072 ① ② ③

악마가 나쁜 인간들에게?
대(大) 벌을 줬어.

☺ 악마 ⇨ 데블

1073 ① ② ③

그녀는 무엇을 **계획**하고 있니?
가요계의 디바인 그녀는 이주를
계획하고 있어.
☺ 계획하다 ⇨ 디바이즈

1074 ① ② ③

머리숱이 **결여**돼서?
뒷머리만 보이드라.

☺ ~이 결여된 ⇨ 디보이드

1075 ① ② ③

금을 어디에 **헌납**했어?
항구 뒤 보트에.

☺ 헌납하다 ⇨ 디보우트

1076 ① ② ③

게걸스럽게 먹고
뒤를 봐여.

☺ 게걸스레 먹다 ⇨ 디바월

1077 ① ② ③

신앙심이 **독실**한 사람에
대해서 뒷산에서 토킹어바웃(talking
about)할래?
☺ 독실한 ⇨ 디바우트

1078 ① ② ③

참**이슬** 소주, 이제
아듀~

☺ 이슬 ⇨ 듀-

1079 ① ② ③

당뇨병 환자는
다이어트를 하지 않아도 삐쩍말라
티스푼 같아 보여.
☺ 당뇨병 ⇨ 다이어비-티스

1080 ① ② ③

뭘 **진단**하고 있어?
고기 다 익었는지 노즈(코, nose)로
진단해.
☺ 진단하다 ⇨ 다이어그노우스

1069 파괴하다	1070 개발하다	1071 장치, 계획
① ② ③ ④ ⑤	① ② ③ ④ ⑤	① ② ③ ④ ⑤
1072 악마	1073 계획하다	1074 ~이 결여된
① ② ③ ④ ⑤	① ② ③ ④ ⑤	① ② ③ ④ ⑤
1075 헌납하다	1076 게걸스레 먹다	1077 독실한
① ② ③ ④ ⑤	① ② ③ ④ ⑤	① ② ③ ④ ⑤
1078 이슬	1079 당뇨병	1080 진단하다
① ② ③ ④ ⑤	① ② ③ ④ ⑤	① ② ③ ④ ⑤

1069	devastate [dévəstéit]	① ② ③ ④		황폐화시키다, 파괴하다, 유린하다	① ② ③ ④
1070	develop [divéləp]	① ② ③ ④		발달하다, 개발하다, 현상하다	① ② ③ ④
1071	device [diváis]	① ② ③ ④		고안물, 장치, 고안, 계획, 계략	① ② ③ ④
1072	devil [dévl]	① ② ③ ④		악마, 악당	① ② ③ ④
1073	devise [diváiz]	① ② ③ ④		고안(계획)하다	① ② ③ ④
1074	devoid [divɔ́id]	① ② ③ ④		~이 결여된	① ② ③ ④
1075	devote [divóut]	① ② ③ ④		바치다, 헌납하다	① ② ③ ④
1076	devour [diváuər]	① ② ③ ④		게걸스레 먹다, 탐독하다	① ② ③ ④
1077	devout [diváut]	① ② ③ ④		① 독실한, 경건한 ② 신앙심이 깊은 사람들, 신자 ③ 진심으로부터의	① ② ③ ④
1078	dew [dju:]	① ② ③ ④		이슬, 방울, 싱싱함	① ② ③ ④
1079	diabetes [dàiəbí:tis]	① ② ③ ④		당뇨병	① ② ③ ④
1080	diagnose [dáiəgnòus]	① ② ③ ④		〘의학〙 진단하다, (정세 따위를) 조사 분석하다, 원인을 규명하다	① ② ③ ④

1073 디바[diva] 인기 있고 뛰어난 여자 가수나 여배우   1078 아듀: 안녕(불어)

✓ STEP 1

1081   ① ② ③

무슨 **진단**을 받고 싶어요?
다이어트를 해도 큰 옷이 맞는 이유를
알고싶어요.
☺ 진단 ⇨ 다이어그노우시스

1082   ① ② ③

대각선에 앉은 사람은 누구야?
다이아몬드를 고르는 척하면서 슬쩍
훔치는 날강도야.
☺ 대각선 ⇨ 다이에거널

1083   ① ② ③

사투리를 쓰는 아버지가
핸펀 다이얼 누르면서
트랙트(농업용기계)를 몰고 있어.
☺ 사투리 ⇨ 다이얼렉트

1084   ① ② ③

무슨 **대화**하고 있니?
전화 다이얼을 누르면서 친구와
로그함수에 관해 대화하고 있어.
☺ 대화 ⇨ 디이얼로-그

1085   ① ② ③

지름이 어떻게 돼?
다이아몬드가 몇 미터인지
재봐야겠어.
☺ 지름 ⇨ 다이애미털

1086   ① ② ③

난 **마름모무늬** 옷이면
다 이뻐 보여!
☺ 마름모무늬 ⇨ 다이어펄

1087   ① ② ③

설사 때문에 뛰어오느라 잃어버린
내 다이어리아!
☺ 설사 ⇨ 다이어뤼-아

1088   ① ② ③

무엇이든 **명령하는**
딕(인명)과는 데이트하기 싫어.
☺ 명령하다 ⇨ 딕테이트

1089   ① ② ③

독재자는
뒤에서 데이트 하는 사람을 못하게 했어.
☺ 독재자 ⇨ 딕테이털

1090   ① ② ③

독재권을 가진
딕(인명)은 자신을 태울 사람을
놀이터에서 쉽게 찾았어.
☺ 독재권 ⇨ 딕테이터쉽

1091   ① ② ③

고기만 먹는 **식이요법** 다이어트는?
황제 다이어트.

☺ 식이요법 ⇨ 다이어트

1092   ① ② ③

식용 씨와 버릴 씨를 어떻게 **구별해**?
앞은 갈색인데 뒤가 퍼런 씨를 보면
에잇! 하고 버려, 버릴 씨야.
☺ 구별하다 ⇨ 디퍼런쉬에이트

1081 진단	1082 대각선	1083 사투리

① ② ③ ④ ⑤	① ② ③ ④ ⑤	① ② ③ ④ ⑤

1084 대화	1085 지름	1086 마름모무늬

① ② ③ ④ ⑤	① ② ③ ④ ⑤	① ② ③ ④ ⑤

1087 설사	1088 명령하다	1089 독재자

① ② ③ ④ ⑤	① ② ③ ④ ⑤	① ② ③ ④ ⑤

1090 독재권	1091 식이요법	1092 구별하다

① ② ③ ④ ⑤	① ② ③ ④ ⑤	① ② ③ ④ ⑤

1081	diagnosis [dáiəgnóusis]	① ② ③ ④		진단, 원인분석	① ② ③ ④
1082	diagonal [daiǽgənəl]	① ② ③ ④		대각선, 사선(의)	① ② ③ ④
1083	dialect [dáiəlékt]	① ② ③ ④		방언, 지방 사투리	① ② ③ ④
1084	dialogue [dáiəlɔ̀g]	① ② ③ ④		대화, 회화	① ② ③ ④
1085	diameter [daiǽmitər]	① ② ③ ④		직경, 지름	① ② ③ ④
1086	diaper [dáiəpər]	① ② ③ ④		마름모무늬	① ② ③ ④
1087	diarrhea [dàiərí:ə]	① ② ③ ④		설사	① ② ③ ④
1088	dictate [díkteit]	① ② ③ ④		구술하다, 명령하다, 받아쓰게 하다	① ② ③ ④
1089	dictator [díkteitər]	① ② ③ ④		독재자	① ② ③ ④
1090	dictatorship [díkteitərʃip]	① ② ③ ④		절대, 독재(권)	① ② ③ ④
1091	diet [dáiət]	① ② ③ ④		식품, 규정식, 식이요법	① ② ③ ④
1092	differentiate [difərénʃiéit]	① ② ③ ④		구별하다, 구분짓다	① ② ③ ④

✓ STEP 1

1093 ① ② ③

땅 **파기** 알바에도 쉬는 시간 있나요?
더우니 나무 뒷 그늘에서 쉬어요.
☺ 파다 ⇨ 디그

1094 ① ② ③

다 **소화한** 과자는?
다이제스티브.
☺ 소화하다 ⇨ 다이제스트

1095 ① ② ③

숫자로 된
디지털 시계.
☺ 숫자로 된 ⇨ 디쥐틀

1096 ① ② ③

위엄을 갖춘 손님에게 뭘 대접해?
디글 모양의, 니가 가장 잘하는 수제
파이는 어때.
☺ 위엄을 갖추다 ⇨ 디그너파이

1097 ① ② ③

품위 있는 교수님?
교실 뒤에서 근엄한 티를 내는
교수님.
☺ 품위 ⇨ 디그너티

1098 ① ② ③

진퇴양난을 뭐라고 해?
딜레마에 빠졌다고 해.
☺ 진퇴양난 ⇨ 딜레머

1099 ① ② ③

부지런한 사람은?
일한 뒤 리조트로 가요.
☺ 부지런한 ⇨ 딜리젼트

1100 ① ② ③

희미하게 꺼져가는 불을 만지다가
손이 딤.
☺ 희미한 ⇨ 딤

1101 ① ② ③

그 집 **치수**는 몇 평 일까?
우리 집 뒤 맨션 말이니?
☺ 치수 ⇨ 디멘션

1102 ① ② ③

월급을 **줄인다**는 소리에 사장실에
얼굴을
디미니(디 밀어 보니) 쉬고 있는 사장.
☺ 줄이다 ⇨ 디미니쉬

1103 ① ② ③

조그마한 화면으로 볼 맛이 나니?
식사 뒤, 미뉴에트를 티브이로 보고
있어.
☺ 조그마한 ⇨ 디미니티브

1104 ① ② ③

공룡화석을 발굴하려면?
다이너마이트를 쏘아.
☺ 공룡 ⇨ 다이너소얼

110

1093 파다

① ② ③ ④ ⑤

1094 소화하다

① ② ③ ④ ⑤

1095 숫자로 된

① ② ③ ④ ⑤

1096 위엄을 갖추다

① ② ③ ④ ⑤

1097 품위

① ② ③ ④ ⑤

1098 진퇴양난

① ② ③ ④ ⑤

1099 부지런한

① ② ③ ④ ⑤

1100 희미한

① ② ③ ④ ⑤

1101 치수

① ② ③ ④ ⑤

1102 줄이다

① ② ③ ④ ⑤

1103 조그마한

① ② ③ ④ ⑤

1104 공룡

① ② ③ ④ ⑤

1093	dig [dig]	①	②		파다, 캐내다, 찔러 넣다	①	②
		③	④			③	④
1094	digest [daidʒést]	①	②		소화하다, 요약하다, 요약, 적요	①	②
		③	④			③	④
1095	digital [dídʒitl]	①	②		손가락의, 숫자로 된	①	②
		③	④			③	④
1096	dignify [dígnəfài]	①	②		~에 위엄을 갖추다	①	②
		③	④			③	④
1097	dignity [dígnəti]	①	②		존엄, 위엄, 품위	①	②
		③	④			③	④
1098	dilemma [dilémə]	①	②		진퇴양난, 딜레마	①	②
		③	④			③	④
1099	diligent [dílidʒənt]	①	②		근면한, 부지런한	①	②
		③	④			③	④
1100	dim [dim]	①	②		희미한, 모호한, 흐리게 하다	①	②
		③	④			③	④
1101	dimension [diménʃən]	①	②		① (길이·폭·두께의) 치수; 차원(次元): ② 용적; 면적; 크기; 규정 ③규모, 범위; 일면; 특징	①	②
		③	④			③	④
1102	diminish [dimíniʃ]	①	②		줄이다, 감소하다	①	②
		③	④			③	④
1103	diminutive [dimínjutiv]	①	②		소형의, 조그마한	①	②
		③	④			③	④
1104	dinosaur [dáinəsɔ̀:r]	①	②		공룡	①	②
		③	④			③	④

[1103] 미뉴에트(춤)[minuet]: 1650년~1750년경의 유럽의 귀족들 사이에서 유행한 우아한 쌍쌍 춤

✓ STEP 1

1105 ① ② ③

이산화물 병에 들어 있는 빤짝이는 게 뭐야?
다이아몬드를 사이드(side)에 잠시
보관해 둔거야.

☺ 이산화물 ⇨ 다이악싸이드

1106 ① ② ③

바지가 순간 **내려가** 버렸네?
디비디비**딥**! 하는 순간 내려갔어.

☺ 담그다, 내려가다 ⇨ 딥

1107 ① ② ③

졸업증서가 매우 빳빳한 거 같네?
뒤에 풀로 마같은 용지를 붙였어.

☺ 졸업증서 ⇨ 디프로우머

1108 ① ② ③

외교관님께서 국제회의 후
피곤하셨나봐?
응, 뒷 가방을 풀러서 **매트**에 혹
던졌어.

☺ 외교관 ⇨ 디플러매트

1109 ① ② ③

'세상에 이런 일이!' 세트장에 **직접**
가봤다며?
돼지가 **다** 담배 피는 **이렇게** 특이한
광경도 보고 왔어!

☺ 직접의 ⇨ 디렉트

1110 ① ② ③

지도자들은 기부할 때?
다 일억쯤은 턱 하고 내 놓지.

☺ 지도자 ⇨ 디렉털

1111 ① ② ③

상대를 **무력화 시킨** 뒤 뭐 했어?
무력화시킨 뒤 새 이불 펴고
잠들었어.

☺ 무력하게 하다 ⇨ 디세이블

1112 ① ② ③

불구가 된 뒤 성격이 바뀌었다며?
그 뒤로 새 이불도 필요 없다고 하네.

☺ 불구가 된 ⇨ 디세이벌드

1113 ① ② ③

불리하다고 해서?
뒤에서도 껌 씹다가 **뱉으지**마라.

☺ 불리 ⇨ 디서드밴티쥐

1114 ① ② ③

그림이 **일치하지 않네~**
어디서 그렸니?

☺ 일치하지 않다 ⇨ 디서그리-

1115 ① ② ③

아이들이 왜 다 **사라졌어?**
쌤이 "어디서 담배를 피어?" 라고
소리 질러서.

☺ 사라지다 ⇨ 디서피얼

1116 ① ② ③

넌 나를 **실망시켰어~**
그럼, 어디서 포인트를 써?

☺ 실망시키다 ⇨ 디서포인트

1105 이산화물	1106 담그다	1107 졸업증서

① ② ③ ④ ⑤

① ② ③ ④ ⑤

① ② ③ ④ ⑤

1108 외교관	1109 직접의	1110 지도자

① ② ③ ④ ⑤

① ② ③ ④ ⑤

① ② ③ ④ ⑤

1111 무력하게 하다	1112 불구가 된	1113 불리

① ② ③ ④ ⑤

① ② ③ ④ ⑤

① ② ③ ④ ⑤

1114 일치하지 않다	1115 사라지다	1116 실망시키다

① ② ③ ④ ⑤

① ② ③ ④ ⑤

① ② ③ ④ ⑤

1105	**dioxide** [daiάksaid]	① ② ③ ④		이산화물	① ② ③ ④
1106	**dip** [dip]	① ② ③ ④		① 담그다, 적시다, 살짝 담그다 ② 가라앉다; 내려가다; 내리막이 되다, 기울다.	① ② ③ ④
1107	**diploma** [diplóumə]	① ② ③ ④		졸업증서, 학위 수여증, 면허, 문서	① ② ③ ④
1108	**diplomat** [dípləmæt]	① ② ③ ④		외교관	① ② ③ ④
1109	**direct** [dirékt,-dai-]	① ② ③ ④		직접의, 지시하다, 가리키다	① ② ③ ④
1110	**director** [diréktər]	① ② ③ ④		지도자, 관리자	① ② ③ ④
1111	**disable** [diséibəl]	① ② ③ ④		무력하게 하다, 격파하다, 불구로 만들다	① ② ③ ④
1112	**disabled** [diséibəld]	① ② ③ ④		불구가 된	① ② ③ ④
1113	**disadvantage** [dìsədvǽntidʒ,]	① ② ③ ④		불리, 불이익, 손해	① ② ③ ④
1114	**disagree** [dìsəgrí:]	① ② ③ ④		일치하지 않다	① ② ③ ④
1115	**disappear** [dìsəpíər]	① ② ③ ④		사라지다, 소멸되다	① ② ③ ④
1116	**disappoint** [disəpɔ́int]	① ② ③ ④		실망시키다, 좌절시키다	① ② ③ ④

✓ STEP 1

1117 ① ② ③

무기를 거두고 나오삼!
어디로 나가면 돼삼?

☺ 무기를 거두다 ⇨ 디사-암

1118 ① ② ③

무장해제한 군인이 먹고 싶어 했던 음식은?
디카 속 삶은 감자 먹고 싶다고 **멘트** 날리네.

☺ 무장해제 ⇨ 디사아머먼트

1119 ① ② ③

재난이 끊이질 않네?
디게 재수 없는 **터**(장소)네.

☺ 재난 ⇨ 디재스털

1120 ① ② ③

버려라~
디스(this/이) **카드**를, 사용기간 만료된 카드야.

☺ 버리다 ⇨ 디스칼-드

1121 ① ② ③

내 가방을 **분간하지** 못해서?
이 가방 저 가방 모두 **뒤졌어.**

☺ 분간하다 ⇨ 디서언

1122 ① ② ③

훈련으로
뒤에 써 묶어놓은 등번호가 풀린 마라톤선수.

☺ 훈련 ⇨ 디서플린

1123 ① ② ③

내게 스포츠 카 있는 것이 **드러났네?**
네가 **디스**(This/이) 클럽 주변에 자주 나타나니까.

☺ 드러내다 ⇨ 디스클로우즈

1124 ① ② ③

그 친구와 친해지기를 **중지했니?**
응, 말을 걸었더니 "감히 어디서 **건디누**(건드냐)?"라고 해서.

☺ 중지하다 ⇨ 디스컨티뉴-

1125 ① ② ③

왜 **낙담하고** 있니?
디스(this/이) **컬리지**(대학)에 떨어졌어.

☺ 낙담시키다 ⇨ 디스커-리쥐

1126 ① ② ③

오늘 **강연**은?
디스코, 스윙 댄스야.

☺ 강연 ⇨ 디스콜-스

1127 ① ② ③

버릇없는 여자가 입고 나온 옷은?
짧은 디스(이) 스커트였어.

☺ 버릇없는 ⇨ 디스커-티어스

1128 ① ② ③

발견한 보물을 어디에 뒀어?
뒤 숲에 놓고 왔어, 아까버~

☺ 발견하다 ⇨ 디스커벌

1117 무기를 거두다	1118 무장해제	1119 재난

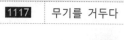

① ② ③ ④ ⑤

① ② ③ ④ ⑤

① ② ③ ④ ⑤

1120 버리다	1121 분간하다	1122 훈련

① ② ③ ④ ⑤

① ② ③ ④ ⑤

① ② ③ ④ ⑤

1123 드러내다	1124 중지하다	1125 낙담시키다

① ② ③ ④ ⑤

① ② ③ ④ ⑤

① ② ③ ④ ⑤

1126 강연	1127 버릇없는	1128 발견하다

① ② ③ ④ ⑤

① ② ③ ④ ⑤

① ② ③ ④ ⑤

		①	②			①	②
1117	**disarm** [disɑ́:rm,diz-]	③	④		~의 무기를 거두다, 무장을 해제하다, 진정시키다	③	④
1118	**disarmament** [disɑ́:rməmənt]	①	②		무장해제	①	②
		③	④			③	④
1119	**disaster** [dizǽstər]	①	②		재난, 참사	①	②
		③	④			③	④
1120	**discard** [diskɑ́:rd]	①	②		버리다, 폐기하다	①	②
		③	④			③	④
1121	**discern** [disə́:rn]	①	②		분간하다, 식별하다	①	②
		③	④			③	④
1122	**discipline** [disəplin]	①	②		훈련, 규율, 학과, 훈련하다	①	②
		③	④			③	④
1123	**disclose** [disklóuz]	①	②		① 나타내다; 드러내다. ② 들추어내다 ③ 털어놓다	①	②
		③	④			③	④
1124	**discontinue** [dìskəntínju:]	①	②		① 그만두다, 중지하다. ② ~의 사용을 중단하다; 구독을 중지하다.	①	②
		③	④			③	④
1125	**discourage** [diskʌ́ridʒ]	①	②		낙담시키다, 단념시키다, 낙심하다	①	②
		③	④			③	④
1126	**discourse** [diskɔ:rs]	①	②		담화, 강연, 설교, 강연하다	①	②
		③	④			③	④
1127	**discourteous** [diskə́:rtiəs]	①	②		무례한, 버릇없는	①	②
		③	④			③	④
1128	**discover** [diskʌ́vər]	①	②		발견하다, 알다	①	②
		③	④			③	④

✓ STEP 1

1129 ① ② ③

녹슨 숟가락을 **발견**했는데 어쩌지?
녹슨 뒤를 닦아 쓰까~ 버릴까 고민되네.
☺ 발견 ➡ 디스커버리

1130 ① ② ③

허리수술은 **신중한** 결정이 필요해~
디스크 수술은 엘리트 의사에게 맡겨.
☺ 신중한 ➡ 디스크리-트

1131 ① ② ③

        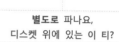

별도로 파나요,
디스켓 위에 있는 이 티?
☺ 별개의 ➡ 디스크리-트

1132 ① ② ③

차별한다고 느끼는 이유가 뭐야?
허리 디스크 걸린 이모네 가서 이틀
간호하래.
☺ 차별하다 ➡ 디스크리미네이트

1133 ① ② ③

잘 **구별**해서
디스(this) 이걸 그리면 내 이 손으로
칭찬해 줄게.
☺ 구별 ➡ 디스크리미네이션

1134 ① ② ③

카드를 어떻게 쓸 건지 **논의했니?**
논의한 뒤 카드를 서로 섞었어.
☺ 논의하다 ➡ 디스커스

1135 ① ② ③

강아지가 **질병**에 걸려서 어찌됐어?
결국 뒤졌어...
☺ 질병 ➡ 디지-즈

1136 ① ② ③

나이 다 들어서 **창피**하지만 놀이터에
갈래?
뒤 숲에 그네도 있으니 애들처럼 타보자.
☺ 창피 ➡ 디스그레이스

1137 ① ② ③

변장하는 친구에게?
디스(this/이) 가위 줘봐 내가
잘라줄게!
☺ 변장하다 ➡ 디스가이즈

1138 ① ② ③

너무 입어 **싫증나면?**
한번만 입은 뒤 스커트를 던져버려.
☺ 싫증 ➡ 디스거스트

1139 ① ② ③

그녀의 진상을 보고 난 후에야
환상에서 벗어났니?
아니, 아직도 디스(this/이) 실루엣 만
봐도 전부 꿈같이 느껴져.
☺ 환상에서 벗어나게 하다 ➡
디스일루-전

1140 ① ② ③

흥미 없는 인테리어는 누가 했니?
디스(this/이) 인터리어는 스티브씨가
했어.
☺ 흥미 없는 ➡ 디스인터레스티드

1129	발견	1130	신중한	1131	별개의

① ② ③ ④ ⑤   ① ② ③ ④ ⑤   ① ② ③ ④ ⑤

1132	차별하다	1133	구별	1134	논의하다

① ② ③ ④ ⑤   ① ② ③ ④ ⑤   ① ② ③ ④ ⑤

1135	질병	1136	창피	1137	변장하다

① ② ③ ④ ⑤   ① ② ③ ④ ⑤   ① ② ③ ④ ⑤

1138	싫증	1139	환상에서 벗어나게 하다	1140	흥미 없는

① ② ③ ④ ⑤   ① ② ③ ④ ⑤   ① ② ③ ④ ⑤

1129	discovery [diskʌvəri]	① ② ③ ④		발견, 전개, 폭로	① ② ③ ④
1130	discreet [diskri:t]	① ② ③ ④		분별 있는, 생각이 깊은; 신중한(태도·행동 따위).	① ② ③ ④
1131	discrete [diskrí:t]	① ② ③ ④		별개의, 분리된	① ② ③ ④
1132	discriminate [diskriminéit]	① ② ③ ④		구별하다, 차별하다	① ② ③ ④
1133	discrimination [diskriminéiʃən]	① ② ③ ④		구별, 차별	① ② ③ ④
1134	discuss [diskʌs]	① ② ③ ④		논의하다, ~에 관해 서로 이야기하다	① ② ③ ④
1135	disease [dizi:z]	① ② ③ ④		질병, 퇴폐	① ② ③ ④
1136	disgrace [disgréis]	① ② ③ ④		창피, 불명예, 눈 밖에 남	① ② ③ ④
1137	disguise [disgáiz]	① ② ③ ④		변장하다, 숨기다, 겉치레	① ② ③ ④
1138	disgust [disgʌst]	① ② ③ ④		넌더리나게 하다, 혐오, 싫증	① ② ③ ④
1139	disillusion [disilú:ʒən]	① ② ③ ④		환상에서 벗어나게 하다, 환멸을 느끼게 하다	① ② ③ ④
1140	disinterested [disintəristid]	① ② ③ ④		무관심한, 흥미 없는	① ② ③ ④

✓ STEP 1

1141 ① ② ③

이걸 주면 **싫어하겠지?**
디스(this/이걸) 주면 라이크(like)할걸.
☺ 싫어하다 ⇨ 디슬라이크

1142 ① ② ③

침울한 날씨가 계속되네?
뒷 주말도 침울하데.
☺ 침울한 ⇨ 디즈멀

1143 ① ② ③

당황한 나머지 어떻게 했어?
뒷 소매에 케첩을 묻혀버렸어.
☺ 당황 ⇨ 디스메이

1144 ① ② ③

누구를 **해고했니?**
뒤에 있는 스미스씨.

☺ 해고하다 ⇨ 디스미스

1145 ① ② ③

명령을 따르지 않는 사람 누구야?
뒷짐 지고 서서 배회하는 사람
말이니?

☺ 따르지 않다 ⇨ 디서베이

1146 ① ② ③

혼란이 있었던 이유는?
줄이 뒤로 쏠려서.

☺ 혼란 ⇨ 디소-덜

1147 ① ② ③

범인을 경찰서로 **급송하려면?**
디스(this/이) 뱃지(badge)가 있어야
해.
☺ 급송하다 ⇨ 디스패취

1148 ① ② ③

골고루 **분배하려면?**
디스(this/이) 펜 수를 정확히 세어야
해.
☺ 분배하다 ⇨ 디스펜스

1149 ① ② ③

쌀이 왜 **흐트러졌니?**
쌀이 트럭 뒤에서 퍼져서 흐트러졌어.

☺ 흐트리다 ⇨ 디스펄-스

1150 ① ② ③

옮겨 놓은 조각상이 어디 있어?
뒤 수풀에 레이스장식과 함께 있어.

☺ 옮겨 놓다 ⇨ 디스플레이스

1151 ① ② ③

옷은 **전시했니?**
응, 디스플레이했어.

☺ 전시하다 ⇨ 디스플레이

1152 ① ② ③

일회용 우산은 어디 있어?
학교 뒤 수퍼에 접을 수 있는 우산이
있어.
☺ 일회용품 ⇨ 디스포우저벌

1141 싫어하다	1142 침울한	1143 당황

① ② ③ ④ ⑤	① ② ③ ④ ⑤	① ② ③ ④ ⑤

1144 해고하다	1145 따르지 않다	1146 혼란

① ② ③ ④ ⑤	① ② ③ ④ ⑤	① ② ③ ④ ⑤

1147 급송하다	1148 분배하다	1149 흩뜨리다

① ② ③ ④ ⑤	① ② ③ ④ ⑤	① ② ③ ④ ⑤

1150 옮겨 놓다	1151 전시하다	1152 일회용품

① ② ③ ④ ⑤	① ② ③ ④ ⑤	① ② ③ ④ ⑤

1141	**dislike** [disláik]	①	②		싫어하다, 혐오, 반감	①	②
		③	④			③	④
1142	**dismal** [dizməl]	①	②		침울한, 음산한	①	②
		③	④			③	④
1143	**dismay** [disméi]	①	②		당황하게 하다, 걱정시키다, 당황	①	②
		③	④			③	④
1144	**dismiss** [dismis]	①	②		해고하다, 해산시키다, 물리치다, 잊어버리다	①	②
		③	④			③	④
1145	**disobey** [dìsəbéi]	①	②		따르지 않다, 불복종하다	①	②
		③	④			③	④
1146	**disorder** [disɔ́:rdər]	①	②		무질서, 혼란	①	②
		③	④			③	④
1147	**dispatch** [dispǽtʃ]	①	②		급송(급파) 하다, 신속히 처리하다	①	②
		③	④			③	④
1148	**dispense** [dispéns]	①	②		분배하다, 조제하다, 실시하다	①	②
		③	④			③	④
1149	**disperse** [dispə́:rs]	①	②		① 흩뜨리다, 흩어지게 하다, 해산시키다; 분산시키다 ② (구름·안개 등을) 흩어 없어지게 하다	①	②
		③	④			③	④
1150	**displace** [displéis]	①	②		바꾸어 놓다, 옮겨 놓다, 대신 들어서다, 제거하다	①	②
		③	④			③	④
1151	**display** [displéi]	①	②		보이다, 전시하다, 드러내다	①	②
		③	④			③	④
1152	**disposable** [dispóuzəbəl]	①	②		처치할 수 있는, 일회용품	①	②
		③	④			③	④

[1147] badge [bædʒ] (소속, 계급, 신분을 나타내는) 표, 배지

✓ STEP 1

1153 ① ② ③

모델은 어떤 포즈로 **배치할까?**
디스(this/이) 포즈로 배치 해.

☺ 배치하다 ⇨ 디스포우즈

1154 ① ② ③

혼자 다른 곳에 **배치**된 뒤 어떻게
됐어?
그 뒤 슬퍼져선 울음이 났어.

☺ 배치 ⇨ 디스퍼지션

1155 ① ② ③

심각한 **논쟁** 후 어떻게 했어?
담배를 화단 뒤서 폈다.

☺ 논쟁 ⇨ 디스퓨-트

1156 ① ② ③

무슨 경고를 **무시**했니?
창고 뒤에 술이 가득하다는 경고.

☺ 무시(하다) ⇨ 디스리갈-드

1157 ① ② ③

그릇을 **부수고** 어떻게 했어?
그 뒤 서랍 뒤에 숨겼어.

☺ 부수다 ⇨ 디스럽트

1158 ① ② ③

개구리는 어디서 **해부**했니?
실험실 **뒷** 섹션에 있어.

☺ 해부하다 ⇨ 디섹트

1159 ① ② ③

나와 **의견을 달리하는** 것은?
뒤에 떨어진 일센트를 줍자는 것.

☺ 의견을 달리하다 ⇨ 디센트

1160 ① ② ③

카라멜을 **녹이고** 뭘 만들어?
그 뒤 잘 부어서 쿠키를 만들어.

☺ 녹이다 ⇨ 디잘브

1161 ① ② ③

집에서 **멀리 떨어진**
뒤에 있는 인스턴트 상점만 다녀.

☺ 멀리 떨어진 ⇨ 디스턴트

1162 ① ② ③

증류하여 만든 물을 마신 뒤 어떻게
해?
그 뒤 스틸(still,가만히 있는) 하면 돼.

☺ 증류하다 ⇨ 디스틸

1163 ① ② ③

드물게 훌륭한 영화 보고 싶어?
저 뒤에 스팅이라는 비디오 보이지
그거 봐~

☺ 드문 ⇨ 디스팅트

1164 ① ② ③

독특한 피라미드 뒤에 뭐가 보여?
그 뒤에 스핑크스가 티브에 보여.

☺ 독특한 ⇨ 디스팅티브

1153 배치하다	1154 배치	1155 논쟁

① ② ③ ④ ⑤	① ② ③ ④ ⑤	① ② ③ ④ ⑤

1156 무시(하다)	1157 부수다	1158 해부하다

① ② ③ ④ ⑤	① ② ③ ④ ⑤	① ② ③ ④ ⑤

1159 의견을 달리하다	1160 녹이다	1161 멀리 떨어진

① ② ③ ④ ⑤	① ② ③ ④ ⑤	① ② ③ ④ ⑤

1162 증류하다	1163 드문	1164 독특한

① ② ③ ④ ⑤	① ② ③ ④ ⑤	① ② ③ ④ ⑤

1153	dispose [dispóuz]	① ② ③ ④		처분하다, 배치하다	① ② ③ ④
1154	disposition [díspəziʃən]	① ② ③ ④		기질, 성향, 배열, 배치	① ② ③ ④
1155	dispute [dispjú:t]	① ② ③ ④		논쟁하다, 논박하다, 논의, 논쟁	① ② ③ ④
1156	disregard [disrigá:rd]	① ② ③ ④		무시하다, 경시하다, 무시, 경시, 소홀	① ② ③ ④
1157	disrupt [disrʌ́pt]	① ② ③ ④		부수다, 분쇄하다, 혼란케 하다	① ② ③ ④
1158	dissect [disékt,dai-]	① ② ③ ④		해부하다, 분석하다	① ② ③ ④
1159	dissent [disént]	① ② ③ ④		의견을 달리하다	① ② ③ ④
1160	dissolve [dizálv]	① ② ③ ④		녹이다, 풀다, 용해하다, 해체하다	① ② ③ ④
1161	distant [dístənt]	① ② ③ ④		(거리, 시간, 관계가) 먼, 멀리 떨어진, 소원한	① ② ③ ④
1162	distill [distíl]	① ② ③ ④		증류하다, 추출하다	① ② ③ ④
1163	distinct [distíŋkt]	① ② ③ ④		별개의, 뚜렷한, 드문	① ② ③ ④
1164	distinctive [distíŋktiv]	① ② ③ ④		독특한, 구별이 분명한	① ② ③ ④

✓ STEP 1

1165 ① ② ③

구슬을 왜 **구별해** 두는 거야?
디스(this/이것) 자꾸 **튕겨져** 나와서.

☺ 구별하다 ⇨ 디스팅귀쉬

1166 ① ② ③

네 차량이 **일그러져서** 수리에
맡겼다며?
응, 뒤에 차가 급하게 스톱하다 내
트럭에 박았지 뭐야.

☺ 일그러뜨리다 ⇨ 디스톨-트

1167 ① ② ③

주의를 **분산시키는** 소리는?
디스(이) 트랙트(tractor/농기계) 소리.

☺ 분산시키다 ⇨ 디스트랙트

1168 ① ② ③

심통을 내면?
그 뒤 스트레스 받아.
☺ 심통 ⇨ 디스트레스

1169 ① ② ③

분배한 쌀을 어떻게 했어?
그 뒤 스트릿(street/거리)에 붓다.
☺ 분배하다 ⇨ 디스트리뷰-트

1170 ① ② ③

우리 **지역**은 어디야?
뒤 스트릿(street/거리)이야.
☺ 지역 ⇨ 디스트릭트

1171 ① ② ③

불신하는 이유는?
지난번 보내준 **디스크**(음반)와 **트럭**이
운송 중에 망가졌대.
☺ 불신 ⇨ 디스트러스트

1172 ① ② ③

어떻게 **방해했어?**
걸어가는 여성에게 됐어, 타봐! 하며
소리쳤어.
☺ 방해하다 ⇨ 디스털-브

1173 ① ② ③

갈라지는 길에서는?
바로 가는 지 "내 **뒤를 봐줘!**"

☺ 갈라지다 ⇨ 디벌-쥐

1174 ① ② ③

길이 **갈라지는** 곳에서 뭘 봤니?
뒤집어진 **트럭**을 봤어.

☺ 갈라지는 ⇨ 디벌-전트

1175 ① ② ③

상점에 있는 **다양한** 옷을?
다 입었으~

☺ 다양한 ⇨ 다이벌-스

1176 ① ② ③

기분 **전환하러** 갈래?
예쁜 옷을 다 입어도 지루해서 트림만
나오네.

☺ 전환시키다 ⇨ 다이벌-트

1165 구별하다	1166 일그러뜨리다	1167 분산시키다

① ② ③ ④ ⑤	① ② ③ ④ ⑤	① ② ③ ④ ⑤

1168 심통	1169 분배하다	1170 지역

① ② ③ ④ ⑤	① ② ③ ④ ⑤	① ② ③ ④ ⑤

1171 불신	1172 방해하다	1173 갈라지다

① ② ③ ④ ⑤	① ② ③ ④ ⑤	① ② ③ ④ ⑤

1174 갈라지는	1175 다양한	1176 전환시키다

① ② ③ ④ ⑤	① ② ③ ④ ⑤	① ② ③ ④ ⑤

1165	**distinguish** [distíŋgwiʃ]	① ② ③ ④		구별하다, 눈에 띄게 하다	① ② ③ ④
1166	**distort** [distɔ́:rt]	① ② ③ ④		왜곡하다, 일그러뜨리다	① ② ③ ④
1167	**distract** [distrǽkt]	① ② ③ ④		돌리다, 분산시키다	① ② ③ ④
1168	**distress** [distrés]	① ② ③ ④		심통, 고민, 곤경, 빈곤, 괴롭히다	① ② ③ ④
1169	**distribute** [distríbju:t]	① ② ③ ④		분배하다, 분포하다	① ② ③ ④
1170	**district** [dístrikt]	① ② ③ ④		지역, 지구	① ② ③ ④
1171	**distrust** [distrʌ́st]	① ② ③ ④		불신, 의혹, 믿지 않다	① ② ③ ④
1172	**disturb** [distɔ́:rb]	① ② ③ ④		깨뜨리다, 불안하게 하다, 방해하다	① ② ③ ④
1173	**diverge** [divɔ́:rdʒ,dai-]	① ② ③ ④		(길, 선 등이) 갈라지다, (의견들이)다르다	① ② ③ ④
1174	**divergent** [divɔ́:rdʒənt]	① ② ③ ④		분기하는, 갈라지는, 서로 다른, 일탈한	① ② ③ ④
1175	**diverse** [daɪvɔ́:rs]	① ② ③ ④		다양한, 가지각색의	① ② ③ ④
1176	**divert** [daivɔ́:rt]	① ② ③ ④		돌리다, (기분) 전환시키다	① ② ③ ④

✓ STEP 1

1177 ① ② ③
친구 등 뒤에서 물건 **나누고** 나서? "이제 뒤봐두 돼."
☺ 나누다 ⇨ 디바이드

1178 ① ② ③
신성한 성당에서 누가 공연해? 디바(diva-여가수)라고 불리는 인물이야.
☺ 신성한 ⇨ 디바인

1179 ① ② ③
이혼하고 나면? 뒤돌아 볼 수 없어.
☺ 이혼 ⇨ 디볼-스

1180 ① ② ③
성적표 받고 **현기증** 나네~ 등수 반에서 제일 뒤지?
☺ 현기증 나는 ⇨ 디지

1181 ① ② ③
선착장에 도착 했어? 어서 닻을 내려!
☺ 선착장 ⇨ 닥

1182 ① ② ③
박사학위 졸업식에? 닭털이 날아다니네.
☺ 박사학위 ⇨ 닥터리트

1183 ① ② ③
엉터리 박사의 **학설**을 듣고? 시험문제 다 **틀린** 것 같애.
☺ 학설 ⇨ 닥트린

1184 ① ② ③
저 **서류** 상자에 뭐가 있어? **다큐멘터리** 영화 필름.
☺ 서류의 ⇨ 다큐멘터리

1185 ① ② ③
뭘 먹으며 **교리** 듣고 있어? 핫도그 먹으며.
☺ 교리 ⇨ 도그머

1186 ① ② ③
귀여운 **인형**은 어디서 주운 거야? 운동장 달리다가.
☺ 인형 ⇨ 달리

1187 ① ② ③
시험 **범위** 나와 있는 인터넷 **도메인** 주소 알려줘.
☺ 범위 ⇨ 더메인

1188 ① ② ③

천장에 비가 새네? 도움이 필요해.
☺ 천장 ⇨ 도움

1177 나누다	1178 신성한	1179 이혼

① ② ③ ④ ⑤

① ② ③ ④ ⑤

① ② ③ ④ ⑤

1180 현기증 나는	1181 선착장	1182 박사학위

① ② ③ ④ ⑤

① ② ③ ④ ⑤

① ② ③ ④ ⑤

1183 학설	1184 서류의	1185 교리

① ② ③ ④ ⑤

① ② ③ ④ ⑤

① ② ③ ④ ⑤

1186 인형	1187 범위	1188 천장

① ② ③ ④ ⑤

① ② ③ ④ ⑤

① ② ③ ④ ⑤

1177	**divide** [diváid]	① ② ③ ④		나누다, 분열시키다, 분류하다	① ② ③ ④
1178	**divine** [diváin]	① ② ③ ④		신의, 신성한	① ② ③ ④
1179	**divorce** [divɔ́:rs]	① ② ③ ④		이혼, 분리, 이혼시키다, 분리시키다	① ② ③ ④
1180	**dizzy** [dízi]	① ② ③ ④		현기증 나는, 어질어질한	① ② ③ ④
1181	**dock** [dɑk/dɔk]	① ② ③ ④		선착장, 부두	① ② ③ ④
1182	**doctorate** [dáktərit/dɔ́k-]	① ② ③ ④		박사학위, 학위	① ② ③ ④
1183	**doctrine** [dáktrin]	① ② ③ ④		교리, 주의(학설)	① ② ③ ④
1184	**documentary** [dàkjəméntəri]	① ② ③ ④		① 문서의, 서류[증서]의, 기록 자료가 되는 ② 사실을 기록한 (영화·텔레비전 따위)	① ② ③ ④
1185	**dogma** [dɔ́:gmə]	① ② ③ ④		교리, 독단	① ② ③ ④
1186	**dolly** [dáli]	① ② ③ ④		인형, 귀여운	① ② ③ ④
1187	**domain** [dəméin]	① ② ③ ④		범위, 영역	① ② ③ ④
1188	**dome** [doum]	① ② ③ ④		둥근 천장, 덮개	① ② ③ ④

✓ STEP 1

1189 ① ② ③

국내시장에서
도매되는 상품에 스티커를 붙여.
☺ 국내의 ➯ 도-메스틱

1190 ① ② ③
길들이고 있는 것은?
도매로 산 스케이트 신발.
☺ 길들이다 ➯ 도메스티케이트

1191 ① ② ③

우주를 지배하려면?
아직 다 멀었으~
☺ 지배 ➯ 다머넌스

1192 ① ② ③
나의 우세한 능력은?
양 눈이 다 먼 넌, 특별히 청각력이
뛰어나.
☺ 우세한 ➯ 다머넌트

1193 ① ② ③
내가 지배하는 마을이?
다(모두) 머네, 이틀이나 걸리겠어!
☺ 지배하다 ➯ 다머네이트

1194 ① ② ③
마을을 지배하기 어렵겠네?
다 먼데 있어선 지배하기 어려워.
☺ 지배 ➯ 다머네이션

1195 ① ② ③
기부하려면?
그것도 네이트온으로 가능해.
☺ 기부하다 ➯ 도-네이트

1196 ① ② ③
기부한 돈이 어디에 쓰였어?
돈에 있어선 투명하게 해야 해.
☺ 기부 ➯ 도-네이션

1197 ① ② ③
내게 주어진 운명은?
옆 집 주머니에 우유를 둠.
☺ 운명 ➯ 두움

1198 ① ② ③
새 기숙사에 들어가서 뭐해?
매일 덤덤히 앉아서 멍 때리고 있어.
☺ 기숙사 ➯ 도움

1199 ① ② ③
자고 있는 아나운서에게?
도울 멘트를 갔다 줘.
☺ 잠자는 ➯ 도-얼먼트

1200 ① ② ③
기숙사 도우미는 뭐해?
도우미는 이불을 털어 줘.
☺ 기숙사 ➯ 돌-미터리

1189 국내의	1190 길들이다	1191 지배

① ② ③ ④ ⑤	① ② ③ ④ ⑤	① ② ③ ④ ⑤

1192 우세한	1193 지배하다	1194 지배

① ② ③ ④ ⑤	① ② ③ ④ ⑤	① ② ③ ④ ⑤

1195 기부하다	1196 기부	1197 운명

① ② ③ ④ ⑤	① ② ③ ④ ⑤	① ② ③ ④ ⑤

1198 기숙사	1199 잠자는	1200 기숙사

① ② ③ ④ ⑤	① ② ③ ④ ⑤	① ② ③ ④ ⑤

1189	**domestic** [dəméstik]	①	②			가정의, 국내의, 길든	①	②		
		③	④				③	④		
1190	**domesticate** [douméstikèit]	①	②			길들이다	①	②		
		③	④				③	④		
1191	**dominance** [dámənəns]	①	②			우세, 우월, 지배	①	②		
		③	④				③	④		
1192	**dominant** [dámənənt]	①	②			지배적인; 유력한, 우세한; 우위를 차지하고 있는, 현저한, 우세한 것	①	②		
		③	④				③	④		
1193	**dominate** [dámənèit]	①	②			지배하다, 우위를 차지하다	①	②		
		③	④				③	④		
1194	**domination** [dàmənéiʃən]	①	②			지배, 우월, 우세	①	②		
		③	④				③	④		
1195	**donate** [dóuneit, dounéit]	①	②			기부(기증)하다	①	②		
		③	④				③	④		
1196	**donation** [dounéiʃən]	①	②			기부, 기증	①	②		
		③	④				③	④		
1197	**doom** [du:m]	①	②			① 운명(보통, 악운), 숙명; 불운 ② (불리한) 판결 ③ (신이 내리는) 최후의 심판. ~의 운명을 정하다	①	②		
		③	④				③	④		
1198	**dorm** [dɔ:rm]	①	②			기숙사	①	②		
		③	④				③	④		
1199	**dormant** [dɔ́:rmənt]	①	②			잠자는, 휴지한, 잠복상태의	①	②		
		③	④				③	④		
1200	**dormitory** [dɔ́:rmitəri]	①	②			기숙사, 합숙소	①	②		
		③	④				③	④		

✓ STEP 1

1201 ① ② ③

약 조제는?
어떤 분이 도우시지!

☺ 조제 ⇨ 도우시줘

1202 ① ② ③

이 약은 **복용량**을 잘 지켜야 해.
이 약 먹으면 낮에**도** 스르르 잠이 와.

☺ 복용량 ⇨ 도우스

1203 ① ② ③

yahoo.com에서 **점**은 뭐라고 읽어?
닷.

☺ 점 ⇨ 닷

1204 ① ② ③

인원을 **두 배**로 만들려면?
친구들을 **다** 불러.

☺ 두 배의 ⇨ 더블

1205 ① ② ③

널 **의심**하니 모두
다 웃더라.

☺ 의심 ⇨ 다우트

1206 ① ② ③

반죽은 왜 하니?
도우넛 만들려고.

☺ 반죽 ⇨ 도우

1207 ① ② ③

내리막길에서 누굴 만났어?
다훈이를 만났어.

☺ 내리막의 ⇨ 다운힐

1208 ① ② ③

자료는 잘 **받았니?**
다운로드 하고 있어.

☺ 올려받기 ⇨ 다운로우드

1209 ① ② ③

폭우가 내리면?
아름다운 머리를 풀어 헤치면 기분이
좋아져.

☺ 폭우 ⇨ 다운포얼

1210 ① ② ③

미국에서 한국인 **중심가**는?
L.A.**다운타운**인데 완전 한국이랑
똑같아.

☺ 중심가 ⇨ 다운타운

1211 ① ② ③

수업시간에 **졸아서** 화장실 청소해야
돼!
도와줘~

☺ 졸다 ⇨ 도우즈

1212 ① ② ③

초안파일을 복사하려면?
드래그를 해서 쉬프트키를 눌러.

☺ 초안 ⇨ 드래프트

1201 조제	1202 복용량	1203 점

① ② ③ ④ ⑤

① ② ③ ④ ⑤

① ② ③ ④ ⑤

1204 두 배의	1205 의심	1206 반죽

① ② ③ ④ ⑤

① ② ③ ④ ⑤

① ② ③ ④ ⑤

1207 내리막의	1208 올려받기	1209 폭우

① ② ③ ④ ⑤

① ② ③ ④ ⑤

① ② ③ ④ ⑤

1210 중심가	1211 졸다	1212 초안

① ② ③ ④ ⑤

① ② ③ ④ ⑤

① ② ③ ④ ⑤

1201	dosage [dóusidʒ]	① ② ③ ④		투약, 조제, 복용(량)	① ② ③ ④
1202	dose [dous]	① ② ③ ④		1회분, 복용량	① ② ③ ④
1203	dot [dat]	① ② ③ ④		점, 반점 점을 찍다	① ② ③ ④
1204	double [dʌ́bəl]	① ② ③ ④		두 배의, 이중의	① ② ③ ④
1205	doubt [daut]	① ② ③ ④		의심, 불확실함	① ② ③ ④
1206	dough [dou]	① ② ③ ④		가루 반죽, 굽지 않은 빵	① ② ③ ④
1207	downhill [daunhìl]	① ② ③ ④		내리받이, 내리막의, 비탈길의	① ② ③ ④
1208	download [dáunlòud]	① ② ③ ④		(컴퓨터)올려 받기(하다), (데이터를)다운로드 하다	① ② ③ ④
1209	downpour [dáunpɔ̀:r]	① ② ③ ④		억수, 폭우	① ② ③ ④
1210	downtown [dáuńtáun]	① ② ③ ④		도심지, 중심가	① ② ③ ④
1211	doze [douz]	① ② ③ ④		졸다, 졸기, 선잠	① ② ③ ④
1212	draft [dræft]	① ② ③ ④		① 도안, 밑그림, 설계도 ② 초벌새김 ③ 초안, 초고	① ② ③ ④

✓ STEP 1

1213 ① ② ③

밧줄을 **끌어당기면** 올라갈 수 있나?
그래, 그거 잡고 올라 가.

☺ 끌어당기다 ⇨ 드래그

1214 ① ② ③

돌들을 **빼내어** 옮기려고 하는데
어떻게 하지?
일단 들녘에 있는 돌들이 가벼우니까
먼저 옮기도록 해봐.

☺ 빼내다 ⇨ 드래인

1215 ① ② ③

극적인 만남 뒤 어떻게 돼?
그 뒤에 러맨틱한 포옹을 하고 결혼을
하죠.

☺ 극적인 ⇨ 드러매틱

1216 ① ② ③

극작가는?
드라마틱한 연극을 쓸 때 티(tea)
마시며 스트레스를 풀어.
☺ 극작가 ⇨ 드래머티스트

1217 ① ② ③

과감한 드레스 입었어?
드레스입자마자 틱! 소리 나며
뜯어졌어.
☺ 과감한 ⇨ 드래스틱

1218 ① ② ③

돈을 어디서 **끄집어내니?**
드러운 양말 속에서.

☺ 끄집어내다 ⇨ 드로-

1219 ① ② ③

완벽한 그녀의 단 한 가지 **결점**은?
드러운 백(bag).
☺ 결점 ⇨ 드로-백

1220 ① ② ③

공포스럽게 방문 사이로 보이는...
두 레드(red) 눈동자.
☺ 공포 ⇨ 드레드

1221 ① ② ③

울적한 마음인데 안개까지?
드리어지네.
☺ 울적한 ⇨ 드리어리

1222 ① ② ③

산 사이로 **떠도는** 것이 뭐니?
두 사람이 탄 리프트.
☺ 떠돌다 ⇨ 드리프트

1223 ① ② ③

송곳을 아버지께?
갖다 드릴게요.
☺ 송곳 ⇨ 드릴

1224 ① ② ③

똑똑 떨어지는 것은?
두 잎사귀에 맺힌 물방울.
☺ 똑똑 떨어지다 ⇨ 드맆

1213 끌어당기다	1214 빼내다	1215 극적인

① ② ③ ④ ⑤	① ② ③ ④ ⑤	① ② ③ ④ ⑤

1216 극작가	1217 과감한	1218 끄집어내다
① ② ③ ④ ⑤	① ② ③ ④ ⑤	① ② ③ ④ ⑤

1219 결점	1220 공포	1221 울적한
① ② ③ ④ ⑤	① ② ③ ④ ⑤	① ② ③ ④ ⑤

1222 떠돌다	1223 송곳	1224 똑똑 떨어지다
① ② ③ ④ ⑤	① ② ③ ④ ⑤	① ② ③ ④ ⑤

		①	②			①	②
1213	**drag** [dræg]	③	④		끌다, 끌어당기다	③	④
1214	**drain** [drein]	①	②		빼내다, 배수하다, 고갈시키다, 배수	①	②
		③	④			③	④
1215	**dramatic** [drəmǽtik]	①	②		극의, 극적인	①	②
		③	④			③	④
1216	**dramatist** [drǽmətist]	①	②		극작가	①	②
		③	④			③	④
1217	**drastic** [drǽstik]	①	②		격렬한, 과감한, 철저한	①	②
		③	④			③	④
1218	**draw** [drɔ:]	①	②		끌어당기다, 끄집어내다, 그리다	①	②
		③	④			③	④
1219	**drawback** [drɔ́:bæ̀k]	①	②		결점, 장애, 환급, 공제	①	②
		③	④			③	④
1220	**dread** [dred]	①	②		두려워하다, 공포	①	②
		③	④			③	④
1221	**dreary** [driəri]	①	②		황량한, 울적한	①	②
		③	④			③	④
1222	**drift** [drift]	①	②		표류, 경향, 떠돌다	①	②
		③	④			③	④
1223	**drill** [dril]	①	②		송곳, 훈련, 반복연습	①	②
		③	④			③	④
1224	**drip** [drip]	①	②		똑똑 떨어지다, 물방울	①	②
		③	④			③	④

✓ STEP 1

1225 ① ② ③

초보자가 운전하기엔?
이 드라이브 코스가 연습에 제격이야.

☺ 운전하다 ⇨ 드라이브

1226 ① ② ③

차도가 막혔네?
드라이브 차도 없는데 왜 이렇게 막히지.

☺ 차도 ⇨ 드라이브웨이

1227 ① ② ③

이슬비가
들에 줄줄 내리네.

☺ 이슬비 ⇨ 드리즐

1228 ① ② ③

몸을 숙여서
두루두루 퍼 담아라.

☺ 숙임 ⇨ 드룹

1229 ① ② ③

가뭄이 심하다며?
가뭄이 심하게 들어, 옷마을 사람들이 굶주리고 있어.

☺ 가뭄 ⇨ 드라우트

1230 ① ② ③

옷이 물에 흠뻑 젖었네?
드러운 옷이라 빨려고 생각했어.

☺ 흠뻑 젖게 하다 ⇨ 드라운

1231 ① ② ③

단조롭고 고된 일이야
이걸 들어 저리 가져다 놓으면 돼.

☺ 단조롭고 고된 일 ⇨ 드러저리

1232 ① ② ③

약 처음 보는 거네?
높이 들어봐 그 약.

☺ 약 ⇨ 드럭

1233 ① ② ③

건기인데도 비가 오네?
드라이어로 씨 좀 말려 줘.

☺ 건기 ⇨ 드라이시-즌

1234 ① ② ③

왜 의심스러운 듯 보니?
두 병의 비어(beer/맥주) 다 마실 거니.

☺ 의심스러운 ⇨ 듀-비어스

1235 ① ② ③

지불해야 할 고지서를 보면?
두려워.

☺ 지불해야 할 ⇨ 듀-

1236 ① ② ③

어떻게 싸움을 하고 있니?
두 얼굴을 맞대고.

☺ 싸움 ⇨ 듀-얼

1225 운전하다	1226 차도	1227 이슬비

① ② ③ ④ ⑤	① ② ③ ④ ⑤	① ② ③ ④ ⑤

1228 숙임	1229 가뭄	1230 흠뻑 젖게 하다

① ② ③ ④ ⑤	① ② ③ ④ ⑤	① ② ③ ④ ⑤

1231 단조롭고 고된 일	1232 약	1233 건기

① ② ③ ④ ⑤	① ② ③ ④ ⑤	① ② ③ ④ ⑤

1234 의심스러운	1235 지불해야 할	1236 싸움

① ② ③ ④ ⑤	① ② ③ ④ ⑤	① ② ③ ④ ⑤

1225	**drive** [dráiv]	①	②		운전하다, 몰아대다	①	②
		③	④			③	④
1226	**driveway** [dráivwèi]	①	②		차도, 진입로, 간선도로	①	②
		③	④			③	④
1227	**drizzle** [drízl]	①	②		이슬비	①	②
		③	④			③	④
1228	**droop** [dru:p]	①	②		수그러지다, 숙임, 의기소침	①	②
		③	④			③	④
1229	**drought** [dráut]	①	②		가뭄, 한발	①	②
		③	④			③	④
1230	**drown** [draun]	①	②		물에 빠뜨리다, 흠뻑 젖게 하다	①	②
		③	④			③	④
1231	**drudgery** [drʌ́dʒəri]	①	②		고역, 단조롭고 고된 일	①	②
		③	④			③	④
1232	**drug** [drʌg]	①	②		약, 약품	①	②
		③	④			③	④
1233	**dry season** [draisí:z-ən]	①	②		건기	①	②
		③	④			③	④
1234	**dubious** [d(j)u:biəs]	①	②		의심스러운, 미심쩍은, 모호한	①	②
		③	④			③	④
1235	**due** [dju:]	①	②		지불해야 할, 도착 예정인, 당연한, 적당한	①	②
		③	④			③	④
1236	**duel** [djú:əl]	①	②		결투, 싸움	①	②
		③	④			③	④

✓ STEP 1

1237 ① ② ③

둔한 사람은?
덜떨어진 사람

☺ 둔한 ⇨ 덜

1238 ① ② ③

말하고 싶었으나 **벙어리처럼** 말하지
못한 말은?
덤으로 하나 더 달라는 말.

☺ 벙어리의 ⇨ 덤

1239 ① ② ③

쓰레기를 모아서 **버리는** 차는?
덤프트럭.

☺ 버리다 ⇨ 덤프

1240 ① ② ③

누가 **복사했어**?
두 개의 플러그 그림은 킷(인명)이
복사한 거야.

☺ 복사하다 ⇨ 듀-플러키트

1241 ① ② ③

오래 견디는 건전지는?
듀라셀 건전지는 트러블 없이 오래
견뎌.

☺ 오래 견디는 ⇨ 듀러벌

1242 ① ② ③

땅거미가 지면 어떻게 해?
다 수쿠리고(숙이고) 적진을 향해
진격하라!

☺ 땅거미 ⇨ 더스크

1243 ① ② ③

네덜란드국기를 훼손하면?
다쳐.

☺ 네덜란드(의) ⇨ 더취

1244 ① ② ③

내 **의무**는?
두 시까지 돌아오는 거야.

☺ 의무 ⇨ 듀-티

1245 ① ② ③

저 **꼬마아이** 귀엽지?
귀엽긴, 성격 고약한 두 얼굴의
프랑스 아이야.

☺ 꼬마 ⇨ 드월-프

1246 ① ② ③

아이 하나하고 **사세요**?
아니, 두 앨(아이를) 데리고 살아요.

☺ 살다 ⇨ 드웰

1247 ① ② ③

우리 **집**은?
뉴질랜드 웰링턴에 있어.

☺ 집 ⇨ 드웰링

1248 ① ② ③

빨간색 **물감**에 무슨 색을 섞으면 돼?
거기다 이 파란색 물감을 섞으면 돼.

☺ 물감 ⇨ 다이

146

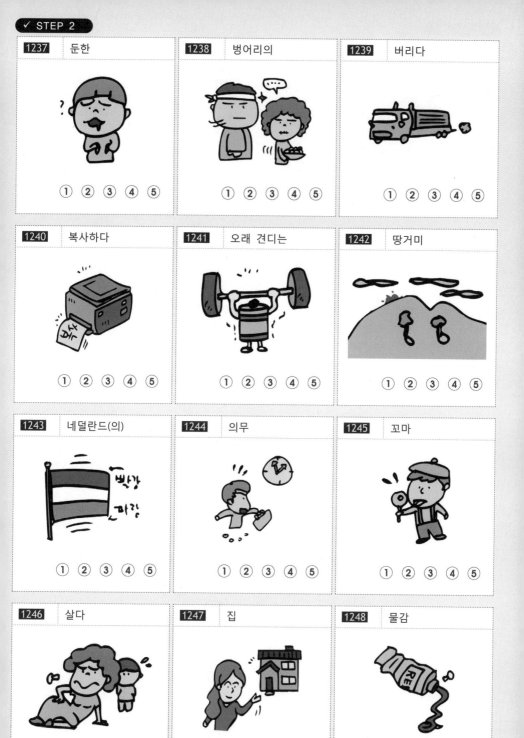

1237 둔한	1238 벙어리의	1239 버리다
① ② ③ ④ ⑤	① ② ③ ④ ⑤	① ② ③ ④ ⑤

1240 복사하다	1241 오래 견디는	1242 땅거미
① ② ③ ④ ⑤	① ② ③ ④ ⑤	① ② ③ ④ ⑤

1243 네덜란드(의)	1244 의무	1245 꼬마
① ② ③ ④ ⑤	① ② ③ ④ ⑤	① ② ③ ④ ⑤

1246 살다	1247 집	1248 물감
① ② ③ ④ ⑤	① ② ③ ④ ⑤	① ② ③ ④ ⑤

		①	②			①	②
1237	dull [dʌl]	③	④		둔한, 지루한, 무딘	③	④
1238	dumb [dʌm]	① ③	② ④		① 벙어리의, 말을 못하는, ② 말을 하지 않는 * vt. 침묵시키다 * vi. 침묵하다	① ③	② ④
1239	dump [dʌmp]	① ③	② ④		(쓰레기를)버리다, 아무렇게나 놓다, 쓰레기장	① ③	② ④
1240	duplicate [djúːpləkit]	① ③	② ④		복사(복제)하다	① ③	② ④
1241	durable [djú(ː)rəbl]	① ③	② ④		내구력 있는, 오래 견디는	① ③	② ④
1242	dusk [dʌsk]	① ③	② ④		어둑어둑함, 땅거미	① ③	② ④
1243	Dutch [dʌtʃ]	① ③	② ④		네덜란드의, 네덜란드	① ③	② ④
1244	duty [djúːti]	① ③	② ④		의무, 임무	① ③	② ④
1245	dwarf [dwɔːrf]	① ③	② ④		난쟁이, 꼬마	① ③	② ④
1246	dwell [dwel]	① ③	② ④		살다, 거주하다	① ③	② ④
1247	dwelling [dwéliŋ]	① ③	② ④		집, 주거	① ③	② ④
1248	dye [dai]	① ③	② ④		물들이다, 염료, 물감	① ③	② ④

1247 웰링턴(wellington): 뉴질랜드의 수도

✓ STEP 1

1249 ① ② ③

활기 있는?
다이나믹한 춤이야.

☺ 활기 있는 ⇨ 다이내믹

1250 ① ② ③

조카가 **열망하는** 눈빛으로 날
바라보며?
이거 사줘.

☺ 열망하는 ⇨ 이-걸

1251 ① ② ③

강아지가 **획득한** 것은?
꽁꽁 언 오징어 한 마리.

☺ 획득하다 ⇨ 어언

1252 ① ② ③

지구 어디든지 볼 수 있는 사이트는?
구글 어스를 검색하면 돼.

☺ 지구 ⇨ 얼-쓰

1253 ① ② ③

지진이 나면
"어서 케이크 가져와."

☺ 지진 ⇨ 얼-쓰퀘익

1254 ① ② ③

마음이 **편해진** 거 같네?
모든 걸 잊으니 편해졌어.

☺ 편해지다 ⇨ 이-즈

1255 ① ② ③

별난
엑센트는 트릭(속임수/trick)이었어.

☺ 별난 ⇨ 익센트릭

1256 ① ② ③

메아리처럼 들리는 소리는?
자고 있는 애 코에서 나오는 소리야.

☺ 메아리 ⇨ 에코우

1257 ① ② ③

어제 찍은 **월식**(月蝕)사진은 어떻게
해?
이 클립에 끼워놔.

☺ 월식 ⇨ 이클립스

1258 ① ② ③

전자상거래를 열심히 하네?
아~ 너무 열심히 하다가 이 닦는
것도 까먹었어.

☺ 전자상거래 ⇨ 이카멀-스

1259 ① ② ③

경제학과 우등생인 내 동생은?
경제학 이거나, 미술 이거나, 다 잘 해.

☺ 경제학의 ⇨ 이-커나믹

1260 ① ② ③

비용 **절약하려고**?
이코노미석에 앉았는데 컬러티비가 안
나오네.

☺ 절약하는 ⇨ 이-커나미컬

1249 활기 있는	1250 열망하는	1251 획득하다

① ② ③ ④ ⑤	① ② ③ ④ ⑤	① ② ③ ④ ⑤

1252 지구	1253 지진	1254 편해지다

① ② ③ ④ ⑤	① ② ③ ④ ⑤	① ② ③ ④ ⑤

1255 별난	1256 메아리	1257 월식

① ② ③ ④ ⑤	① ② ③ ④ ⑤	① ② ③ ④ ⑤

1258 전자상거래	1259 경제학의	1260 절약하는

① ② ③ ④ ⑤	① ② ③ ④ ⑤	① ② ③ ④ ⑤

1249	dynamic [dainǽmik]	① ② ③ ④		동적인, 역학(상)의, 정력적인, 활기 있는	① ② ③ ④
1250	eager [íːgər]	① ② ③ ④		열망하는, 간절히 ~하고 싶어 하는	① ② ③ ④
1251	earn [əːrn]	① ② ③ ④		벌다, 획득하다	① ② ③ ④
1252	earth [əːrө]	① ② ③ ④		지구, 대지, 흙	① ② ③ ④
1253	earthquake [ə́ːrөkwèik]	① ② ③ ④		지진, 큰 변동	① ② ③ ④
1254	ease [iːz]	① ② ③ ④		안락, 용이, 덜다, 편해지다	① ② ③ ④
1255	eccentric [ikséntrik]	① ② ③ ④		보통과 다른, 별난, 기인, 괴상한, 괴짜인	① ② ③ ④
1256	echo [ékou]	① ② ③ ④		메아리, 공명, 반향, 흉내	① ② ③ ④
1257	eclipse [iklips]	① ② ③ ④		(태양, 달의)식, 그늘짐,	① ② ③ ④
1258	e-commerce [ikámərs]	① ② ③ ④		전자상거래	① ② ③ ④
1259	economic [ikənámik]	① ② ③ ④		경제상의, 경제학의, 실리적인	① ② ③ ④
1260	economical [ikənámikəl]	① ② ③ ④		절약하는, 경제적인, 실속 있는	① ② ③ ④

✓ STEP 1

1261 ① ② ③

생태계에서 중요한 꽃은?
이 꽃이야, 자료 **시스템**에 기록되어 있어.
☺ 생태계 ⇨ 이코우시스템

1262 ① ② ③

무아경으로 들어가는 문은?
X표시가 있는 문이야.
☺ 무아경 ⇨ 엑스터시

1263 ① ② ③

식탁 **모서리**에?
애가 찍혔어.
☺ 모서리 ⇨ 에쥐

1264 ① ② ③

식품이 모자라는 원인은?
애가 더 불어나서.

☺ 식품, 식용의 ⇨ 에더벌

1265 ① ② ③

별을 **삭제한** 트리는 어디 있어?
애 뒤에 있어.
☺ 삭제하다, 편집하다 ⇨ 에디트

1266 ① ② ③

어떤 **편집물**이야?
에디터가 리얼(사실)을 바탕으로
편집한 스토리야.
☺ 편집의 ⇨ 에더토-리얼

1267 ① ② ③

애 둘은 누가 **기르니?**
애 둘은 케이트양이 길러.

☺ 교육하다, 기르다 ⇨
에쥬-케이트

1268 ① ② ③

교육 방송은 매우 중요하니-
애 둘 깨워선 보게 하세요.
☺ 교육 ⇨ 에쥬-케이션

1269 ① ② ③

홈쇼핑에서 구입한 가장 **효과적인**
화장품은 뭐야?
아, 내가 **이팩 티브**이에서 산 것이
제일 좋아.
☺ 효과적인 ⇨ 이펙티브

1270 ① ② ③

어떻게 하면 **효율**적으로 공부를 할까?
나뭇잎이 **시원**한 나무아래서 해봐!
☺ 효율 ⇨ 이피션시

1271 ① ② ③

유능한 강사님은 카리스마가 넘쳐!
모두 2페이지 피셔!
☺ 유능한 ⇨ 이피션트

1272 ① ② ③

자존심 상해! 어쩌면 좋아?
에고, 다음부터는 예습을 하도록 해.
☺ 자아, 자존심 ⇨ 에고우

1261 생태계	1262 무아경	1263 모서리

① ② ③ ④ ⑤	① ② ③ ④ ⑤	① ② ③ ④ ⑤

1264 식품	1265 삭제하다, 편집하다	1266 편집의

① ② ③ ④ ⑤	① ② ③ ④ ⑤	① ② ③ ④ ⑤

1267 교육하다, 기르다	1268 교육	1269 효과적인

① ② ③ ④ ⑤	① ② ③ ④ ⑤	① ② ③ ④ ⑤

1270 효율	1271 유능한	1272 자아, 자존심

① ② ③ ④ ⑤	① ② ③ ④ ⑤	① ② ③ ④ ⑤

		①	②			①	②
1261	ecosystem [íːkousìstəm]	③	④		생태계	③	④
1262	ecstasy [ékstəsi]	③	④		무아경, 황홀, 환희	③	④
1263	edge [edʒ]	③	④		끝머리, 모서리, 날	③	④
1264	edible [édəbl]	③	④		식용의, 식품	③	④
1265	edit [édit]	③	④		편집하다, ~을 삭제하다	③	④
1266	editorial [èdətɔ́ːriəl]	③	④		사설, 논설, 편집의	③	④
1267	educate [édʒukèit]	③	④		교육하다, (예술적 능력·취미 등을) 기르다, 훈련하다	③	④
1268	education [èdʒukéiʃən]	③	④		교육, 교양	③	④
1269	effective [iféktiv]	③	④		효과적인, 유효한	③	④
1270	efficiency [ifíʃənsi]	③	④		효율, 능률	③	④
1271	efficient [ifíʃənt]	③	④		능률적인, 유능한	③	④
1272	ego [égou]	③	④		자아, 자만, 자존심	③	④

✓ STEP 1

1273 ① ② ③

공들여 만들었는데?
이거 내버리지 말고 트럭에 잘 실어.
☺ 공들인 ⇨ 일래버레이트

1274 ① ② ③

머릿결을 탄력 있게 만들어 주는 샴푸는?
일래스틴 샴푸.
☺ 탄력 있는 ⇨ 일래스틱

1275 ① ② ③

팔꿈치 끼고 앉아서 뭐 하세요?
앨 보우(애를 봐요).
☺ 팔꿈치 ⇨ 엘보우

1276 ① ② ③

나이 지긋한 할아버지에게?
애들이 매달려 노네.
☺ 나이 지긋한 ⇨ 엘덜리

1277 ① ② ③

무슨 보험에 들기로 결심했니?
다이렉트보험.
☺ 선거하다, 결심하다 ⇨ 일렉트

1278 ① ② ③

투표에 몇 번을 찍었니?
나는 일번에 찍어서 냈어.
☺ 투표 ⇨ 일렉션

1279 ① ② ③

선택이 안 되는 학생은?
일을 냅두고 티브이 만 보는 학생.
☺ 선택의 ⇨ 일렉티브

1280 ① ② ③

전기가 어디에 필요해?
일렉기타와 트리에 걸린 전구
서티(thirty, 30개)에 전력공급이
필요해.
☺ 전기 ⇨ 일렉트리서티

1281 ① ② ③

전자공학을 공부한 애는?
일렉트라(인명)와 닉스(인명).
☺ 전자공학 ⇨ 일렉트라닉스

1282 ① ② ③

우아한 그녀는?
엘리베이터 안에서 권투 선수를
만났어.
☺ 우아한 ⇨ 엘리건트

1283 ① ② ③

슬픈 노래만 들으면 온 몸에?
엘러지가 나.
☺ 슬픈 노래 ⇨ 엘러쥐

1284 ① ② ③

모든 성분을 분석하다 보니?
일이 많다.
☺ 성분 ⇨ 엘러먼트

1273	공들인

① ② ③ ④ ⑤

1274	탄력 있는

① ② ③ ④ ⑤

1275	팔꿈치

① ② ③ ④ ⑤

1276	나이 지긋한

① ② ③ ④ ⑤

1277	결심하다

① ② ③ ④ ⑤

1278	투표

① ② ③ ④ ⑤

1279	선택의

① ② ③ ④ ⑤

1280	전기

① ② ③ ④ ⑤

1281	전자공학

① ② ③ ④ ⑤

1282	우아한

① ② ③ ④ ⑤

1283	슬픈 노래

① ② ③ ④ ⑤

1284	성분

① ② ③ ④ ⑤

1273	**elaborate** [ilébərit,-reit]	① ② ③ ④		공들인, 정교한, 정성들여 만들다	① ② ③ ④
1274	**elastic** [iléstik]	① ② ③ ④		탄력 있는, 융통성 있는	① ② ③ ④
1275	**elbow** [élbou]	① ② ③ ④		팔꿈치	① ② ③ ④
1276	**elderly** [éldərli]	① ② ③ ④		중년을 지난, 나이 지긋한	① ② ③ ④
1277	**elect** [ilékt]	① ② ③ ④		선거하다, 결심하다	① ② ③ ④
1278	**election** [ilékʃən]	① ② ③ ④		선거, 선정, 투표	① ② ③ ④
1279	**elective** [iléktiv]	① ② ③ ④		선거하는, 선택의	① ② ③ ④
1280	**electricity** [ilèktrísəti]	① ② ③ ④		전기	① ② ③ ④
1281	**electronics** [ilèktrániks]	① ② ③ ④		전자공학	① ② ③ ④
1282	**elegant** [éligənt]	① ② ③ ④		기품 있는, 우아한	① ② ③ ④
1283	**elegy** [élədʒi]	① ② ③ ④		비가(悲歌), 슬픈 노래, 애가	① ② ③ ④
1284	**element** [éləmənt]	① ② ③ ④		성분, 요소, 성분 원리, 기초	① ② ③ ④

1274 일래스틴(Elastin) 탄력

✓ STEP 1

1285 ① ② ③

기초 상식을 알려준 영상은?
엘러지를 다룬 다큐멘터리.
☺ 기초의 ⇨ 엘러멘터리

1286 ① ② ③

자격이 있는 엄마가 아닌 것은?
앨 잊어불고(애를 잊어버리고) 우는 엄마.
☺ 자격이 있는 ⇨ 엘리져벌

1287 ① ② ③

제거한 사이트 이름은?
이름이 네이트야.
☺ 제거하다 ⇨ 일리미네이트

1288 ① ② ③

아이를 **설득력 있는** 권투 해설가로
만들려면?
앨(아이를) 넣어서 **권투** 해설 연습을
시켜야 해.
☺ 설득력 있는 ⇨ 엘러퀀트

1289 ① ② ③

다른 곳에서 아이 찾느라 헤매지 마라
여기 있는 앨(아이) 수를 잘 **외어서**
기억해 둬.
☺ 다른 곳에서 ⇨ 엘스웨얼

1290 ① ② ③

아웃인지 세이프인지 **파악하기**
어렵네?
그래서 **1루에서 시비**가 붙었어.
☺ 파악하기 어려운 ⇨ 일루-시브

1291 ① ② ③

무엇을 **해방시켜** 달라고 하는 거야?
이만, 숲에 있던 사람들을.
☺ 해방시키다 ⇨ 이맨서페이트

1292 ① ② ③

승객들은 언제 **승선했니?**
출발시간에 임박해서.
☺ 승선하다 ⇨ 임발-크

1293 ① ② ③

당황해서 주스를 쏟아?
입은 옷 배렸어~
☺ 당황하다 ⇨ 임배러스

1294 ① ② ③

미국 **대사관**직원이 어디 방문했어?
MBC방송국.
☺ 대사관 ⇨ 엠버시

1295 ① ② ③

물건을 어디에 **끼워 넣었어?**
임시로 베드(bed) 밑에 끼워 넣었어.
☺ 끼워 넣다 ⇨ 임베-드

1296 ① ② ③

작품에서 어떤 것을 **구현했어?**
작품엔 인물의 바디가 잘
표현되어있어.
☺ 구현하다 ⇨ 엠바디

1285	기초의

① ② ③ ④ ⑤

1286	자격이 있는

① ② ③ ④ ⑤

1287	제거하다

① ② ③ ④ ⑤

1288	설득력 있는

① ② ③ ④ ⑤

1289	다른 곳에서

① ② ③ ④ ⑤

1290	파악하기 어려운

① ② ③ ④ ⑤

1291	해방시키다

① ② ③ ④ ⑤

1292	승선하다

① ② ③ ④ ⑤

1293	당황하다

① ② ③ ④ ⑤

1294	대사관

① ② ③ ④ ⑤

1295	끼워 넣다

① ② ③ ④ ⑤

1296	구현하다

① ② ③ ④ ⑤

1285	elementary [èləméntəri]	① ② ③ ④		기초의, 기본의	① ② ③ ④
1286	eligible [élidʒəbəl]	① ② ③ ④		적격의, 자격이 있는	① ② ③ ④
1287	eliminate [ilímineit]	① ② ③ ④		제거하다	① ② ③ ④
1288	eloquent [éləkwənt]	① ② ③ ④		웅변의, 설득력 있는	① ② ③ ④
1289	elsewhere [élshwéər]	① ② ③ ④		다른 곳에서, 다른 경우에	① ② ③ ④
1290	elusive [ilú:siv]	① ② ③ ④		파악하기 어려운	① ② ③ ④
1291	emancipate [imǽnsəpéit]	① ② ③ ④		해방시키다, 이탈시키다	① ② ③ ④
1292	embark [imbá:rk]	① ② ③ ④		승선하다, 시작하다	① ② ③ ④
1293	embarrass [imbǽrəs]	① ② ③ ④		당혹시키다, 방해하다, 당황하다, 쩔쩔매다	① ② ③ ④
1294	embassy [émbəsi]	① ② ③ ④		대사관, 사절단	① ② ③ ④
1295	embed [imbéd]	① ② ③ ④		끼워 넣다, 깊이 새겨두다	① ② ③ ④
1296	embody [embádi]	① ② ③ ④		구체화하다, 구현하다, 담다	① ② ③ ④

✓ STEP 1

1297 ① ② ③

고양이가 새끼를 **껴안고**
이불에 있어.

☺ 껴안다 ⇨ 임브레이스

1298 ① ② ③

넌 어쩜 그렇게 **싹**을 빨리 틔웠니?
앤(애인)을 부려서 싹 틔우는 걸
돕도록 했어.

☺ 싹 ⇨ 엠브리오우

1299 ① ② ③

한강에 괴물이 **나오자** 사람들이?
"이게 뭐지?"하며 놀라 달아났어.

☺ 나오다 ⇨ 이멀-쥐

1300 ① ② ③

지금 **비상사태**야?
그래! 임마! 전시(전쟁중)에 졸고있냐?

☺ 비상사태 ⇨ 이멀-전시

1301 ① ② ③

달리기 시합 중 **뛰어난**
앤(아이를) 밀었다.

☺ 뛰어난 ⇨ 에미넌트

1302 ① ② ③

배출물로 오염된 지역을 복구하는
것이~
이번 **미션**이야.

☺ 배출물 ⇨ 이미-션

1303 ① ② ③

이 밑에서 누가 빛을 **내고** 있네?
이 밑을 조사해 보자.

☺ 내다 ⇨ 이미트

1304 ① ② ③

왜 **감동**받았니?
이모가 사주신 로션 때문에.

☺ 감정, 감동 ⇨ 이모우션

1305 ① ② ③

파를 **중점**적으로 검사 할 거야
설거지 다 한 앤(아이는) 파 씻어!

☺ 중점 ⇨ 엠퍼시스

1306 ① ② ③

연설 중 **강조하는** 부분에서는?
엠프 사이즈를 큰 걸 사용해.

☺ 강조하다 ⇨ 엠퍼사이즈

1307 ① ② ③

작은 **제국** 같은 빌딩은?
뉴욕 **엠파이어** 스테이트 빌딩.

☺ 제국 ⇨ 엠파이얼

1308 ① ② ③

좋은 **경험적인** 체험은 무엇이었니?
엠피(MP3) 니껄로 듣게 해준 거야.

☺ 경험적인 ⇨ 임피리컬

1297 껴안다	1298 싹	1299 나오다

① ② ③ ④ ⑤	① ② ③ ④ ⑤	① ② ③ ④ ⑤

1300 비상사태	1301 뛰어난	1302 배출물

① ② ③ ④ ⑤	① ② ③ ④ ⑤	① ② ③ ④ ⑤

1303 내다	1304 감정, 감동	1305 중점

① ② ③ ④ ⑤	① ② ③ ④ ⑤	① ② ③ ④ ⑤

1306 강조하다	1307 제국	1308 경험적인

① ② ③ ④ ⑤	① ② ③ ④ ⑤	① ② ③ ④ ⑤

1297	**embrace** [imbréis]	① ② ③ ④		껴안다, 받아들이다, 포함하다, 포옹	① ② ③ ④
1298	**embryo** [émbriòu]	① ② ③ ④		태아, 배(싹)	① ② ③ ④
1299	**emerge** [imə́:rdʒ]	① ② ③ ④		(물 속·어둠 속 따위에서) 나오다, 나타나다(appear), 벗어나다	① ② ③ ④
1300	**emergency** [imə́:rdʒənsi]	① ② ③ ④		비상사태, 돌발	① ② ③ ④
1301	**eminent** [éminənt]	① ② ③ ④		저명한, 뛰어난	① ② ③ ④
1302	**emission** [imíʃən]	① ② ③ ④		① (빛·열·가스 등의) 배출 ② (대기 속의) 배출물, 배기(排氣)가스	① ② ③ ④
1303	**emit** [imít]	① ② ③ ④		(빛, 열, 가스, 소리 등을)내다, 광선을 발사하다	① ② ③ ④
1304	**emotion** [imóuʃən]	① ② ③ ④		감정, 정서, 감동	① ② ③ ④
1305	**emphasis** [émfəsis]	① ② ③ ④		강조, 중점, 역점, 주안점, 강한 어조	① ② ③ ④
1306	**emphasize** [émfəsàiz]	① ② ③ ④		강조하다, 역설하다	① ② ③ ④
1307	**empire** [émpaiər]	① ② ③ ④		제국, 통치권	① ② ③ ④
1308	**empirical** [impírikəl]	① ② ③ ④		경험의, 경험적인	① ② ③ ④

✓ STEP 1

1309 ① ② ③

어떤 사람을 **고용했니?**
흰 뿔로 공예 하는 사람.

☺ 고용하다 ⇨ 임플로이

1310 ① ② ③

어떻게 작곡가로 **고용되었니?**
엠피쓰리 플레이어로 녹음한 노래를
이 엔터테인먼트 회사에 보냈어.

☺ 고용 ⇨ 임플로이먼트

1311 ① ② ③

네게 어떤 **권한을** 주었니?
엠파이어 스테이트 빌딩에 들어갈 수
있는 권한.

☺ 권한을 주다 ⇨ 임파-얼

1312 ① ② ③

텅 **비었던** 대합실이
엠티 온 학생들로 채워졌어.

☺ 텅 빈 ⇨ 엠티

1313 ① ② ③

네가 잠을 잘 잘 **수 있게 해 주는** 것은?
어! 내 이불이야.

☺ 가능하게 하다 ⇨ 이네이블

1314 ① ② ③

나도 이제 **마법을 걸 수 있게** 되었어!
인젠 드디어 너도 진짜 마법사가
되었구나!

☺ 마법을 걸다 ⇨ 인챈트

1315 ① ② ③

새로운 시장이 오는데, 무엇으로
둘러싸는 게 좋을까?
빨간색 잉크와 로즈(rose/장미).

☺ 둘러싸다 ⇨ 인클로우즈

1316 ① ② ③

컴퓨터로 **암호화** 작업을 하기
위해서는?
전원을 위해 처음엔 **코드**를 꽂아야지.

☺ 암호화하다 ⇨ 인코우드

1317 ① ② ③

어디서 우연히 친구를 **만났어?**
'잉~' 카운터에서.

☺ 만나다 ⇨ 인카운털

1318 ① ② ③

누구를 **격려하고** 있니?
인도 칼리지(대학)에 떨어진 학생들.

☺ 격려하다 ⇨ 인커-리쥐

1319 ① ② ③

코드화한 것은?
앤(애인)이 내게 준 크립텍스.

☺ 코드화하다 ⇨ 인크립트

1320 ① ② ③

백과사전에 뭐가 있어?
거기 엔 사이클 높이 뛰어 넘기
기록이 있어.

☺ 백과사전 ⇨ 인사이클로피-디어

1309 고용하다	1310 고용	1311 권한을 주다

① ② ③ ④ ⑤	① ② ③ ④ ⑤	① ② ③ ④ ⑤

1312 텅 빈	1313 가능하게 하다	1314 마법을 걸다

① ② ③ ④ ⑤	① ② ③ ④ ⑤	① ② ③ ④ ⑤

1315 둘러싸다	1316 암호화하다	1317 만나다

① ② ③ ④ ⑤	① ② ③ ④ ⑤	① ② ③ ④ ⑤

1318 격려하다	1319 코드화하다	1320 백과사전

① ② ③ ④ ⑤	① ② ③ ④ ⑤	① ② ③ ④ ⑤

No.	Word	① ② ③ ④		뜻	① ② ③ ④
1309	**employ** [implɔ́i]	① ② ③ ④		고용하다, 사용하다	① ② ③ ④
1310	**employment** [emplɔ́imənt]	① ② ③ ④		사용, 고용, 직업, 일	① ② ③ ④
1311	**empower** [impáuər]	① ② ③ ④		권한(능력)을 주다	① ② ③ ④
1312	**empty** [émpti]	① ② ③ ④		텅 빈, 공허한, 비우다	① ② ③ ④
1313	**enable** [inéibl]	① ② ③ ④		~에게 힘을 주다, 가능하게 하다	① ② ③ ④
1314	**enchant** [intʃǽnt]	① ② ③ ④		매혹하다, 황홀하게 하다, 마법을 걸다	① ② ③ ④
1315	**enclose** [inklóuz]	① ② ③ ④		둘러싸다, 동봉하다	① ② ③ ④
1316	**encode** [inkóud]	① ② ③ ④		암호화하다	① ② ③ ④
1317	**encounter** [inkáuntər]	① ② ③ ④		(우연히) 만나다, 직면하다, 조우	① ② ③ ④
1318	**encourage** [inkʌ́ridʒ]	① ② ③ ④		격려하다, 조장하다	① ② ③ ④
1319	**encrypt** [inkrípt]	① ② ③ ④		코드화하다	① ② ③ ④
1320	**encyclopedia** [insàikloupí:diə]	① ② ③ ④		백과사전	① ② ③ ④

1319 크립텍스(cryptex): 주로 비밀문서 같은 걸 보관할 때 사용하며, 숫자나 알파벳을 돌려 맞춰서 여는 소형금고 같은 작은 비밀 상자, 영화 다빈치 코드에 나왔음

166

✓ STEP 1

1321 ① ② ③

영화의 **끝** 장면이 좋았어.
2편엔 더 재미있는 장면이 나온대.
☺ 끝 ⇨ 엔드

1322 ① ② ③

화상이 몸을 **위태롭게 했어요~**
이 앤(애는) 데인자국이 커요.
☺ 위태롭게 하다 ⇨ 인데인절

1323 ① ② ③

위기에 처한 상황에 누구를 부르지?
앤(애는) 파워레인저를 모르니?
☺ 위기에 처한 ⇨ 인데인절드

1324 ① ② ③

노력하는 마라톤 선수는?
인대가 뭐도(부어도) 끝까지 뛰는
선수.
☺ 노력하다 ⇨ 인데벌

1325 ① ② ③

기부해 주기를 원하는 사람이 뭐라고
외쳤어?
돈을 이리 다우~
☺ 기부하다 ⇨ 인다우

1326 ① ② ③

고문을 **견디는** 독립투사에게
"이번엔 인두여~각오해."
☺ 견디다 ⇨ 인듀얼

1327 ① ② ③

임진왜란 때 쳐들어 온 **적은** 누구야?
왜놈이야.
☺ 적 ⇨ 에너미

1328 ① ② ③

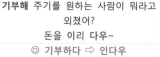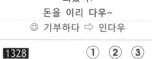

활동적인 애가 어떻게 쓰러졌어?
그 앤 어제 틱! 하고 쓰러졌어.
☺ 활동적인 ⇨ 에너제틱

1329 ① ② ③

법을 **집행하는** 판사는 뭐라고 말했어?
그 앤 포스(force)가 느껴져.
☺ 집행하다 ⇨ 인포-스

1330 ① ② ③

그와 **약혼하려면?**
인내심이 있어야지.
☺ 약혼하다 ⇨ 인게이쥐

1331 ① ② ③

약혼 축하해~
약혼인 게 실감이 안나, 이제 며칠
남았지?
☺ 약혼 ⇨ 인게이쥐먼트

1332 ① ② ③

기술자는 어떤 기술에 관심이 많니?
엔지니어는 링(반지) 가공에 관심이
많아.
☺ 기술 ⇨ 엔저니어링

1321	끝

① ② ③ ④ ⑤

1322	위태롭게 하다

① ② ③ ④ ⑤

1323	위기에 처한

① ② ③ ④ ⑤

1324	노력하다

① ② ③ ④ ⑤

1325	기부하다

① ② ③ ④ ⑤

1326	견디다

① ② ③ ④ ⑤

1327	적

① ② ③ ④ ⑤

1328	활동적인

① ② ③ ④ ⑤

1329	집행하다

① ② ③ ④ ⑤

1330	약혼하다

① ② ③ ④ ⑤

1331	약혼

① ② ③ ④ ⑤

1332	기술

① ② ③ ④ ⑤

1321	end [end]	① ② ③ ④		①(시간, 사건, 활동, 이야기의) 끝 ②(장소, 물건의 중심부에서 가장 먼)끝 (상황의)끝, 종말, 종료	① ② ③ ④
1322	endanger [indéindʒər]	① ② ③ ④		위태롭게 하다, 위험에 빠뜨리다.	① ② ③ ④
1323	endangered [endéindʒərd]	① ② ③ ④		위기에 처한	① ② ③ ④
1324	endeavor [indévər]	① ② ③ ④		~ 하려고 노력하다, 시도하다, 노력, 시도	① ② ③ ④
1325	endow [indáu]	① ② ③ ④		① (능력·자질 등을) ~에게 주다, ~에게 부여하다(with). ② (병원·학교 등에) 기금을 기부[증여]하다.	① ② ③ ④
1326	endure [índ(j)úər]	① ② ③ ④		참다, 견디다, 지탱하다	① ② ③ ④
1327	enemy [énəmi]	① ② ③ ④		적, 원수	① ② ③ ④
1328	energetic [ènərdʒétik]	① ② ③ ④		원기 왕성한, 활동적인	① ② ③ ④
1329	enforce [infɔ́:rs]	① ② ③ ④		(법률 등을) 실시[시행]하다, 집행하다	① ② ③ ④
1330	engage [ingéidʒ]	① ② ③ ④		약속하다, 약혼하다, 속박시키다, 관여하다	① ② ③ ④
1331	engagement [ingéidʒmənt]	① ② ③ ④		약속, 약혼	① ② ③ ④
1332	engineering [èndʒəníəriŋ]	① ② ③ ④		공학, 기술	① ② ③ ④

[1323] 파워레인저(Power Rangers); TV방영 모험극 시리즈

✓ STEP 1

1333 ① ② ③

6,25때 중국이 **강화한** 전술은?
인해전술.

☺ 강화하다 ⇨ 인핸스

1334 ① ② ③

파티를 **즐기고** 나면 뭐라고 해야 해?
그 다음엔, "저 이만 가볼게요~"

☺ 즐기다 ⇨ 인조이

1335 ① ② ③

가족 수를 **확대하면?**
그 후엔 라지 피자를 시켜야 해.

☺ 확대하다 ⇨ 인라아쥐

1336 ① ② ③

계몽하는 책에는 뭐라고 쓰여 있어?
그 책엔 나이든 사람도 배워야
한다고.

☺ 계몽하다 ⇨ 인라이튼

1337 ① ② ③

계몽서적엔 누구의 의견도 있니?
그 서적엔 나이든 사람의
코멘트(의견)도 있어.

☺ 계몽 ⇨ 인라이튼먼트

1338 ① ② ③

방송사의 **협력을 얻어서** 뭘 만들었어?
인기 연예인의 리스트.

☺ 협력을 얻다 ⇨ 인리스트

1339 ① ② ③

누구 때문에 **막대한** 손실을 입었어?
이놈의 스파이(산업스파이).

☺ 막대한 ⇨ 이놀머스

1340 ① ② ③

결혼 준비를 **넉넉하게** 하네?
앤(애인)은 **리치**(rich)해(부자야).

☺ 넉넉하게 하다 ⇨ 인리취

1341 ① ② ③

뭘 **기록하니?**
엄마 생일엔 롤케익 사는 걸.

☺ 기록하다 ⇨ 인로울

1342 ① ② ③

공과 사 구분을 **확실하게** 하고 어때?
그 후엔 일이 더 수월해 졌어.

☺ 확실하게 하다 ⇨ 인슈-얼

1343 ① ② ③

사건에 **말려든** 후 피부가 어때?
그 후엔 탱글탱글했던 피부가 상했어.

☺ 말려들게 하다 ⇨ 인탱글

1344 ① ② ③

수업에 꼭 **들어가야** 해?
날씨 좋은 날엔 더욱 수업에 들어가기
싫어.

☺ 들어가다 ⇨ 엔털

1333 강화하다	1334 즐기다	1335 확대하다
① ② ③ ④ ⑤	① ② ③ ④ ⑤	① ② ③ ④ ⑤
1336 계몽하다	1337 계몽	1338 협력을 얻다
① ② ③ ④ ⑤	① ② ③ ④ ⑤	① ② ③ ④ ⑤

1339 막대한	1340 넉넉하게 하다	1341 기록하다
① ② ③ ④ ⑤	① ② ③ ④ ⑤	① ② ③ ④ ⑤
1342 확실하게 하다	1343 말려들게 하다	1344 들어가다
① ② ③ ④ ⑤	① ② ③ ④ ⑤	① ② ③ ④ ⑤

1333	**enhance** [inhǽns]	① ② ③ ④		높이다, 강화하다	① ② ③ ④
1334	**enjoy** [indʒɔ́i]	① ② ③ ④		즐기다, 누리다, 가지고 있다	① ② ③ ④
1335	**enlarge** [inláːrdʒ]	① ② ③ ④		크게 하다, 확대하다	① ② ③ ④
1336	**enlighten** [inláitn]	① ② ③ ④		계몽하다	① ② ③ ④
1337	**enlightenment** [enláitnmənt]	① ② ③ ④		계발, 계몽, 교화	① ② ③ ④
1338	**enlist** [inlíst]	① ② ③ ④		병적에 편입하다, 협력을 얻다	① ② ③ ④
1339	**enormous** [inɔ́ːrməs]	① ② ③ ④		거대한, 막대한	① ② ③ ④
1340	**enrich** [inritʃ]	① ② ③ ④		부유하게 하다, 넉넉하게 하다	① ② ③ ④
1341	**enroll** [inróul]	① ② ③ ④		등록하다, 기록하다	① ② ③ ④
1342	**ensure** [inʃúər]	① ② ③ ④		책임지다, 확실하게 하다	① ② ③ ④
1343	**entangle** [intǽŋgl]	① ② ③ ④		얽히게(말려들게) 하다	① ② ③ ④
1344	**enter** [éntər]	① ② ③ ④		들어가다, 넣다	① ② ③ ④

✓ STEP 1

1345 ① ② ③

기획에 성공한 우주선은?
엔터프라이즈호.

☺ 기획 ⇨ 엔털프라이즈

1346 ① ② ③

분위기를 **즐겁게 한** 사람은?
엔터테이너 만수.

☺ 즐겁게 하다 ⇨ 엔터털테인

1347 ① ② ③

연예인이 되고 싶으면?
엔터테인먼트사에 가면 돼.

☺ 연예 ⇨ 엔털테인먼트

1348 ① ② ③

열광적인 쟤는
인수지? 요즘 애들은 스틱(stick)으로
응원하네~

☺ 열광적인 ⇨ 엔쑤-지애스틱

1349 ① ② ③

온전한 새 타이어가 얼었네?
언 타이어는 100% 교체해준데.

☺ 온전한 ⇨ 인타이얼

1350 ① ② ③

저 태국인은 **오로지**?
메이드 인 타이(태국) 쥬얼리만
착용해.

☺ 오로지 ⇨ 인타이얼리

1351 ① ② ③

너에게 어떤 **자격을 주었니?**
코미 공화국내 인타(Inta)지역에 이틀
동안 머무를 자격.

☺ 자격을 주다 ⇨ 인타이틀

1352 ① ② ③

실재상황을 보고 싶어?
엔터를 누르면 티브이가 켜지니까 봐.

☺ 실재 ⇨ 엔터티

1353 ① ② ③

식당 **입구**에 뭐가 붙어 있어?
입구엔 트랜스 지방에 대한 설명이
붙어있어.

☺ 입구 ⇨ 엔트런스

1354 ① ② ③

탄원하는 자료에는 뭐가 있어?
자료엔 월스트리트 저널에 대한
자료가 있어.

☺ 탄원하다 ⇨ 엔트리-트

1355 ① ② ③

애를 **맡기러** 가려니 무릎이 아파?
아픈 무릎엔 트라스트를 붙여.

☺ 맡기다 ⇨ 인트러-스트

1356 ① ② ③

봉투 가져와~
앤(애인)이 코를 **벌렁** 거리면서 가지러
갔어요.

☺ 봉투 ⇨ 인벨럽

1345	기획

① ② ③ ④ ⑤

1346	즐겁게 하다

① ② ③ ④ ⑤

1347	연예

① ② ③ ④ ⑤

1348	열광적인

① ② ③ ④ ⑤

1349	온전한

① ② ③ ④ ⑤

1350	오로지

① ② ③ ④ ⑤

1351	자격을 주다

① ② ③ ④ ⑤

1352	실재

전쟁의 참상

① ② ③ ④ ⑤

1353	입구

xxx식당

① ② ③ ④ ⑤

1354	탄원하다

탄원서

① ② ③ ④ ⑤

1355	맡기다

어린이집

① ② ③ ④ ⑤

1356	봉투

① ② ③ ④ ⑤

1345	enterprise [éntərpráiz]	① ② ③ ④		기획, 기업, 진취성, 모험성	① ② ③ ④
1346	entertain [éntərtéin]	① ② ③ ④		즐겁게 하다, 환대(대접)하다	① ② ③ ④
1347	entertainment [èntərtéinmənt]	① ② ③ ④		대접, 연예, 오락	① ② ③ ④
1348	enthusiastic [inθú:siǽstik]	① ② ③ ④		열렬한, 열광적인	① ② ③ ④
1349	entire [intáiər]	① ② ③ ④		① 전체[전부]의 ② 완전한 ③ 흠 없는, 온전한	① ② ③ ④
1350	entirely [intáiərli]	① ② ③ ④		완전히, 오로지	① ② ③ ④
1351	entitle [intáitl]	① ② ③ ④		명칭을 붙이다, 자격을 주다	① ② ③ ④
1352	entity [éntəti]	① ② ③ ④		실재, 존재, 실체	① ② ③ ④
1353	entrance [éntrəns]	① ② ③ ④		입구, 들어감	① ② ③ ④
1354	entreat [entrí:t]	① ② ③ ④		탄원하다, 원하다	① ② ③ ④
1355	entrust [intrʌ́st]	① ② ③ ④		맡기다, 위임하다	① ② ③ ④
1356	envelop [invéləp]	① ② ③ ④		싸다, 포위하다, 봉투	① ② ③ ④

[1351] Inta(인타) 러시아 서남부 코미공화국의 도시   [1355] 트라스트: 무릎관절 치료제

Unit 114

Unit 114	Number 1357~1368	Study	Year	Month	Date
			20		

✓ STEP 1

1357 ① ② ③

상을 탄 친구가 **부러워서?**
옆에 있는 다른 친구에게 "**앤**
공부머리가 **비었**어~ 불쌍해."
☺ 부러운 ⇨ 엔비어블

1358 ① ② ③

시기하는 마음으로 가득한 애는?
그 **앤**(애는)사랑하는 마음이 **비었어**.
☺ 시기하는 ⇨ 엔비어스

1359 ① ② ③

두바이의 주택 **환경**은 어땠어?
인구가 증가한 두**바이**는 멋스런
아파트**먼트**가 많았어.
☺ 환경 ⇨ 인바이런먼트

1360 ① ② ③

뭘 **부러워하고 있어?**
앤드류의 **비**옷.
☺ 부러워하다 ⇨ 엔비

1361 ① ② ③

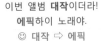

이번 앨범 **대작**이더라!
에픽하이 노래야.
☺ 대작 ⇨ 에픽

1362 ① ② ③

유행성 감기로~
아팠다매?
☺ 유행성의 ⇨ 에퍼데믹

1363 ① ② ③

맺음말로는 무엇을 쓸까?
에필로그로는 사랑한다는 말이 가장
좋아.
☺ 맺음말 ⇨ 에필로-그

1364 ① ② ③

삽화는 어떤 내용이야?
촬영 **에피소드**야.
☺ 삽화 ⇨ 에퍼소우드

1365 ① ② ③

얘는 좋은 **시대**에 태어났어요.
애가 **퍽** 자랐네요!
☺ 시대 ⇨ 에퍽

1366 ① ② ③

저도 **동등한** 상을 받으려면 어떻게
하면 돼요?
이걸 다 맞추면 된단다.
☺ 동등한 ⇨ 이-퀄

1367 ① ② ③

똑 **같은** 게 뭐가 있어?
이 컬러 티브이가 너랑 같애.
☺ 같음 ⇨ 이-퀄러티

1368 ① ② ③

나와 머리모양을 **같게 한** 사람은?
이 쿠웨이트 사람이야.
☺ 같게 하다 ⇨ 이퀘이트

1357 부러운	1358 시기하는	1359 환경

① ② ③ ④ ⑤	① ② ③ ④ ⑤	① ② ③ ④ ⑤

1360 부러워하다	1361 대작	1362 유행성의

① ② ③ ④ ⑤	① ② ③ ④ ⑤	① ② ③ ④ ⑤

1363 맺음말	1364 삽화	1365 시대

① ② ③ ④ ⑤	① ② ③ ④ ⑤	① ② ③ ④ ⑤

1366 동등한	1367 같음	1368 같게 하다

① ② ③ ④ ⑤	① ② ③ ④ ⑤	① ② ③ ④ ⑤

		①	②			①	②
1357	**enviable** [énviəbəl]	③	④		부러운, 바람직한	③	④
1358	**envious** [énviəs]	①	②		시기하는, 부러워하는	①	②
		③	④			③	④
1359	**environment** [inváirənmənt]	①	②		환경, 포위	①	②
		③	④			③	④
1360	**envy** [énvi]	①	②		부러움, 선망, 부러워하다	①	②
		③	④			③	④
1361	**epic** [épik]	①	②		서사시(의), 대작	①	②
		③	④			③	④
1362	**epidemic** [epədémik]	①	②		유행병, 유행성의	①	②
		③	④			③	④
1363	**epilogue** [épilɔ̀:g]	①	②		끝, 맺음말	①	②
		③	④			③	④
1364	**episode** [épəsòud]	①	②		삽화, 에피소드	①	②
		③	④			③	④
1365	**epoch** [épək]	①	②		① (중요한 사건이 일어났던) 시대; (특색 있는) 획기적 시대 ② (역사·정치 등의) 신기원, 새시대.	①	②
		③	④			③	④
1366	**equal** [í:kwəl]	①	②		동등한, 필적하다	①	②
		③	④			③	④
1367	**equality** [i(:)kwáləti]	①	②		같음, 동등	①	②
		③	④			③	④
1368	**equate** [ikwéit]	①	②		같게 하다, 동등하다, 필적하다	①	②
		③	④			③	④

1361 에픽하이(Epik High): 국내 가수그룹 / epik(서사시)

✓ STEP 1

1369 ① ② ③	1370 ① ② ③	1371 ① ② ③
이 문제를 **같게** 만들려면 어떻게 해야 할까? 이(E)와 케이(K)의 값을 전부 동일하게 하면 돼.	**적도** 지방에서는 이 캐릭터가 인기 있어.	**제공해야** 하는 것은? 이 키에 맞는 옷.
☺ 같게 함, 방정식 ⇨ 이퀘이션	☺ 적도 ⇨ 이퀘이털	☺ 제공하다 ⇨ 이큅

1372 ① ② ③	1373 ① ② ③	1374 ① ② ③
왜 등산용 **장비**가 필요해? 산에는 이끼가 많으니까.	친구가 **같은** 옷을 입고오자? 입기 싫어져서 버렸어.	그 **시대**는? 에러의 시대였어.
☺ 장비 ⇨ 이큅먼트	☺ 같은 ⇨ 이퀴벌런트	☺ 시대 ⇨ 에러

1375 ① ② ③	1376 ① ② ③	1377 ① ② ③
흉터를 **지울 수** 있는 방법이 있나요? 이 레이저로 지우면 돼.	강아지한테 "**똑바로 서!**" 이랬더니 정말 서더라!	**인간공학**은 사람이? 얼거나, 믹스된 음료를 마셨을 때 어떤지 연구해.
☺ 지우다 ⇨ 이뤠이즈	☺ 세우다 ⇨ 이뤡트	☺ 인간공학 ⇨ 얼-거나믹스

1378 ① ② ③	1379 ① ② ③	1380 ① ② ③
치아 **부식** 막으려면? 이 차를 마시면 이로운 점이 치아 부식 방지야.	누구 **심부름** 가니? 어른들 심부름요.	**틀린** 것은 빨리 고치는게? 이로우니 어서 고쳐!
☺ 부식 ⇨ 이로우전	☺ 심부름 ⇨ 에런드	☺ 틀린 ⇨ 이로우니어스

1369	같게 함, 방정식	1370	적도	1371	제공하다
① ② ③ ④ ⑤		① ② ③ ④ ⑤		① ② ③ ④ ⑤	
1372	장비	1373	같은	1374	시대
① ② ③ ④ ⑤		① ② ③ ④ ⑤		① ② ③ ④ ⑤	
1375	지우다	1376	세우다	1377	인간공학
① ② ③ ④ ⑤		① ② ③ ④ ⑤		① ② ③ ④ ⑤	
1378	부식	1379	심부름	1380	틀린
① ② ③ ④ ⑤		① ② ③ ④ ⑤		① ② ③ ④ ⑤	

1369	**equation** [i(:)kwéiʒən]	① ② ③ ④		같게 함, 균등화, (수학)방정식	① ② ③ ④
1370	**equator** [ikwéitər]	① ② ③ ④		적도	① ② ③ ④
1371	**equip** [ikwíp]	① ② ③ ④		제공하다, 갖추게 하다	① ② ③ ④
1372	**equipment** [ikwípmənt]	① ② ③ ④		장비, 설비	① ② ③ ④
1373	**equivalent** [ikwívələnt]	① ② ③ ④		동등한, 같은, ~에 상당하는, 동등한 것	① ② ③ ④
1374	**era** [íərə, érə]	① ② ③ ④		시대, 기원, 연대	① ② ③ ④
1375	**erase** [iréiz, iréis]	① ② ③ ④		지우다, 없애다	① ② ③ ④
1376	**erect** [irékt]	① ② ③ ④		세우다, 직립의, 똑바로 선	① ② ③ ④
1377	**ergonomics** [ə̀:rgənámiks]	① ② ③ ④		인간공학	① ② ③ ④
1378	**erosion** [iróuʒən]	① ② ③ ④		부식, 침식	① ② ③ ④
1379	**errand** [érənd]	① ② ③ ④		심부름, 용건	① ② ③ ④
1380	**erroneous** [iróuniəs]	① ② ③ ④		틀린, 그릇된	① ② ③ ④

✓ STEP 1

1381 ① ② ③

화산이 **분출된** 곳은?
아랍국가에 있는 이랍트란 곳이야.
☺ 분출하다 ⇨ 이럽트

1382 ① ② ③

화산 **분출**이 활발한 곳은?
이랍 국가선 화산 분출이 활발해.
☺ 분출 ⇨ 이럽션

1383 ① ② ③

현재 화면에서 **달아날** 수 있어?
이스케잎 자판을 누르면 돼.
☺ 달아나다 ⇨ 이스케잎

1384 ① ② ③

여왕을 **호위**하는 사람은 누구야?
에스코트하는 사람은 경호원이야.

☺ 호위 ⇨ 에스콜-트

1385 ① ② ③

수필을 뭐라고 하니?
에세이라고 해.

☺ 수필 ⇨ 에세이

1386 ① ② ③

살아가는데 **필수적인** 게 뭐라고
생각해?
이 센, 세월에는 돈이 기본적으로
있어야 해.
☺ 필수적인 ⇨ 이센셜

1387 ① ② ③

새로 **설립하는** 학교에?
이 스탭을 잉글리쉬 교사로 모시자.
☺ 설립하다 ⇨ 이스태블리쉬

1388 ① ② ③

선생님 **토지**는 어디 있어요?
이 스테이트(state, 주)에 있어요.
☺ 토지 ⇨ 이스테이트

1389 ① ② ③

존경하는?
예수상 앞에서 팀별로 기도를 해.
☺ 존경하다 ⇨ 이스티임

1390 ① ② ③

소를 **평가**하는 자리에서?
S 띠 맸던 소가 우승했어.
☺ 평가하다 ⇨ 에스터메이트

1391 ① ② ③

터널이 가도 가도 **그칠 줄 모르네~**
이 터널은 길어.
☺ 그칠 줄 모르는 ⇨ 이터-널

1392 ① ② ③

도덕적으로 말해봐~
어디 걸 썼어!
☺ 도덕상의 ⇨ 에티컬

1381 분출하다	1382 분출	1383 달아나다

① ② ③ ④ ⑤	① ② ③ ④ ⑤	① ② ③ ④ ⑤

1384 호위	1385 수필	1386 필수적인

① ② ③ ④ ⑤	① ② ③ ④ ⑤	① ② ③ ④ ⑤

1387 설립하다	1388 토지	1389 존경하다

① ② ③ ④ ⑤	① ② ③ ④ ⑤	① ② ③ ④ ⑤

1390 평가하다	1391 그칠 줄 모르는	1392 도덕상의

① ② ③ ④ ⑤	① ② ③ ④ ⑤	① ② ③ ④ ⑤

1381	**erupt** [irʌ́pt]	① ② ③ ④		분출, 발진하다	① ② ③ ④
1382	**eruption** [irʌ́pʃən]	① ② ③ ④		폭발, 분출	① ② ③ ④
1383	**escape** [iskéip]	① ② ③ ④		달아나다, 면하다, 도망, 탈출	① ② ③ ④
1384	**escort** [éskɔːrt]	① ② ③ ④		호송자, 호위	① ② ③ ④
1385	**essay** [ései]	① ② ③ ④		수필, 평론	① ② ③ ④
1386	**essential** [isénʃəl]	① ② ③ ④		필수적인, 본질적인	① ② ③ ④
1387	**establish** [istǽbliʃ]	① ② ③ ④		설립하다, 제정하다, 확립하다	① ② ③ ④
1388	**estate** [istéit]	① ② ③ ④		토지, 재산	① ② ③ ④
1389	**esteem** [istiːm]	① ② ③ ④		존경하다, 존경, 존중	① ② ③ ④
1390	**estimate** [éstimeit]	① ② ③ ④		평가하다, 추산하다	① ② ③ ④
1391	**eternal** [itə́ːrnəl]	① ② ③ ④		영원한, 그칠 줄 모르는	① ② ③ ④
1392	**ethical** [éθikəl]	① ② ③ ④		도덕상의, 윤리적인	① ② ③ ④

991 *펜던트(pendant) ;
가운데에 보석으로 된 장식을 달아 가슴에 늘어뜨리게 된 목걸이

1010 *variety[vəráiəti] ;
가지각색의 것, 변화, 다양(성)

1011 *delivery [dɪ|lɪvəri]
1. (물품 · 편지 등의) 배달   2. (연설 · 공연 등의) 전달

1018 *tights [táits]
타이즈 (댄서곡예사 등이 입는) 몸에 꽉 끼는 옷, 타이츠 2 《영》 팬티스타킹

1031 *[pendant,팬던트]
사슬, 파이프-등으로 천정으로부터 매다는 형식의 조명 기구

1073 *디바[diva]
인기 있고 뛰어난 여자 가수나 여배우

1078 *아듀:
안녕(불어)

1103 *미뉴에트(춤)[minuet]:
1650년~1750년경의 유럽의 귀족들 사이에서 유행한 우아한 쌍쌍 춤

1147 *badge [bædʒ]
(소속, 계급, 신분을 나타내는) 표, 배지

1247 *웰링턴(wellington):
뉴질랜드의 수도

1274 *일래스틴(Elastin)
탄력

1319 *크립텍스(cryptex):
주로 비밀문서 같은 걸 보관할 때 사용하며, 숫자나 알파벳을 돌려 맞춰서 여는 소형 금고 같은 작은 비밀 상자, 영화 다빈치 코드에 나왔음

1323 *파워레인저(Power Rangers);
TV방영 모험극 시리즈

1351 *Inta(인타)
러시아 서남부 코미공화국의 도시

1355 *트라스트:
무릎관절 치료제

1361 *에픽하이(Epik High):
국내 가수그룹 / epik(서사시)

MEMO

MEMO

MEMO

MEMO